지혜의 나무

지혜의 나무

제1판 1쇄 인쇄 ㅣ 2021년 3월 15일
제1판 5쇄 발행 ㅣ 2022년 3월 10일

엮은이 ㅣ 진점규
펴낸이 ㅣ 김양희
편집디자인 ㅣ 장철수
표지디자인 ㅣ 두손기획

펴내는 곳 ㅣ 도서출판 사색의나무
주소 ㅣ (04314) 서울특별시 용산구 원효로 1가 108-53. 3층
전화 ㅣ 02)717-9012-4
팩스 ㅣ 02)717-9015
E-mail edu@ e-times.co.kr
ISBN 979-11-958267-8-9
값 12,000원

*잘못된 책은 즉시 교환해 드립니다.

내 인생의 단비가 될 지혜의 메시지

지혜의 나무

엮은이 진 점 규

지혜에게 키를 맡기고 돛을 올리고 인생을 항해하라.
지혜는 조화와 균형을 갖춘 인생의 빛이다.
이 책은 당신의 인생을 안전 운행할 영혼의 내비게이션이다.

도서출판 **사색의나무**

[추천사1]

러시아의 문호 톨스토이의 단편소설 '세 가지 의문'에 나오는 질문입니다. 이 세상에서 가장 중요한 시간은 언제인가. 이 세상에서 가장 중요한 사람은 누구인가. 이 세상에서 가장 중요한 일은 무엇인가 입니다.

요즘처럼 바쁘게 살아가는 현대인들에게 한 번쯤 생각해 볼 수 있는 질문이고 삶의 문제를 깊이 통찰해 볼 수 있는 화두를 던지기에 충분한 의미 있는 내용입니다.

우리의 삶 속에 자신만의 철학을 갖고 산다는 것은 의미 있는 삶을 살고 있다는 반증입니다.
철학이 있는 사람이란 사색하는 삶을 의미합니다. 철학자 데카르트의 말을 인용하지 않더라도 인간은 사색하는 존재입니다. 인간은 사색을 통해서 자신을 성찰하고 사유하는 힘을 갖습니다.
인간은 가끔 칠흑(漆黑) 같은 어둠 속에서 고요를 맛보지 않으면 안 됩니다. 자기 힘으로 마음속 자아가 들려주는 실존의 진리를 발견했을 때 환희와 기쁨의 순간을 느끼게 됩니다.

이번 교육타임스(월간 교육과 사색)의 진점규 편집장님께서 펴내신 【지혜의 나무】는 필자의 수많은 독서 편력과 사색의 산물입니다. 간결한 문체에서 우러나오는 메시지는 독자들에게 사유(思惟)하고 성찰(省察)할 수 있는 힘을 부여합니다. 그 힘이 촉촉한 단비가 되어 마음의 위안과 평정을 갖기에 충분합니다.

　본서 【지혜의 나무】는 요즘처럼 바쁘게 살아가는 현대인들에게 한 번쯤 자신을 성찰하고 사유할 수 있는 영혼의 메시지입니다. 독자들은 이 책을 통해서 고대에서 현대에 이르기까지 위대한 인물들의 삶을 반추할 수 있고 정제된 언어에서 우러나오는 깊은 맛은 독서의 가치가 무엇인가를 깊이 깨닫게 되리라 믿어 의심치 않습니다.
　'한 권의 좋은 책을 만나는 것은 소중한 행운이다.' 라는 말을 끝으로 추천사를 마치겠습니다.
　독자 여러분들의 애독을 진심으로 권해 드립니다. 대단히 감사합니다.

전(前) 한국교원대학교 총장·정치학 박사 김 주 성

[추천사 2]

'한 권의 좋은 책은 인생의 멘토가 되고 위대한 스승이 됩니다.'

요즘 하루에도 수많은 책들이 쏟아져 나오고 있습니다. 그들은 각자 자신만의 명함을 내밀고 자신을 홍보하고 있습니다. 책마다 색깔이 다르고 느낌도 다르고 독서의 맛도 다릅니다. 좋은 책은 진주가 오랜 기간 고통을 겪고 탄생하듯이 작가의 땀의 결정체입니다.

이번 교육타임스(月刊 교육과 사색) 편집장 진점규 님께서 집필하신 【지혜의 나무】는 그동안 30년 출판사의 편집 경륜과 수많은 독서편력 그리고 사색의 결과물입니다.

우리는 우연히 읽은 한 줄의 글귀에서도 마음의 위안과 평정을 얻습니다. 이 책은 고대에서 현대에 이르기까지 위대한 현인 (賢人)들의 지혜의 언어가 정제(精製)된 단어로 함축된 보고(寶庫)입니다. 한 줄 한줄 천천히 읽다보면 삶의 의미를 느끼게 되고 참된 진리의 가치가 무엇인가를 깨닫게 됩니다. 인간은 자성(自省)의 시간이 필요합니다. 자신을 뒤돌아보고 사유하고 성찰하는 시간은 우주의 진리와 맞닿게 되는 영혼의 시간입니다.

그 시간이 자신을 지배할 때 깊은 환희와 삶의 가치가 무엇인가를 재발견하게 됩니다.

요즘 현대인들은 내남 할 것 없이 개미쳇바퀴 돌듯이 바쁘게 살아갑니다. 쉼 없이 살아온 우리의 삶속에서 잠시라도 순백한 영혼과 만나는 사색의 시간이 필요합니다. 인간에게 사색은 정신의 청량함이요, 영혼의 안식입니다.

이번에 추천하는 【지혜의 나무】는 독자 분들의 머리 밭에 놓고 경전처럼 수십 번을 읽어도 좋을 지혜의 보고입니다. 지혜는 조화와 균형을 갖춘 인생의 빛입니다.

'지혜에게 키를 맡기고 돛을 올리고 인생을 항해하라'는 말이 있듯이 지혜는 위대한 스승입니다.
한 권의 좋은 책을 추천하게 된 계기를 갖게 되어 기쁘게 생각합니다.
독자 여러분들의 애독과 편달을 진심으로 권장합니다.

교육타임스 회장 김 상 규

[서문(序文)]
책을 펴내며

   우리는 우연히 읽은 한 줄의 글귀에서도 마음의 위안과 평정을 얻는다. 진리는 깨달음 속에서 인식한 지혜의 빛이다.

   하루에도 수많은 책들이 각자 자신만의 얼굴로 명함을 내밀고 있다. 어떤 책은 화려한 모습으로 독자들의 시선을 유혹하는가하면, 또 어떤 책은 화려하지는 않지만 작가의 인고(忍苦)가 배어있는 책도 있다.
   한 권의 책은 불면의 고통을 이겨내며 각고의 얼룩으로 기록한 땀의 결정체이다. 작가가 책을 집필할 때는 불타는 도서관에서 단 한 권의 책을 들고 나온다면 저자의 책이 독자의 손에 잡혀있었으면 하는 마음으로 글을 쓴다.

   인간은 누구나 사색하는 존재이다. 사색을 통해서 사유와 성찰의 힘을 갖는다. 사색은 내 영혼과 만나는 순백의 시간이다. 사색할 때 영혼은 자유롭고 마음의 평정을 얻는다.
사색하는 삶이란 철학이 있는 삶을 의미한다. 철학이 우리에게 제시한 가장 이상적인 삶의 모습도 사색하는 삶의 모습이다.
   이번에 펴내는 【지혜의 나무】는 내 자신의 부족함과 어리석음을 보충하고 삶의 진정한 가치가 무엇인가를 천착하는 과정에서 집필하게 되었다.

지난 수년 동안 읽었던 수많은 독서의 편력에서 그리고 고대에서 현대에 이르는 현인(賢人)들의 지혜의 언어를 정제(精製)된 문장으로 녹여서 쓰게 되었다.

독자 여러분들은 한 줄 한 줄 천천히 읽다보면 진리의 참된 가치를 발견하게 되고, 인생의 오묘한 맛을 느끼게 될 것이다.

요즘 우리는 지구촌 팬데믹인 코로나-19로 인하여 비대면 언텍트(untact) 시대에 살고 있다. 비대면이 거의 일상화되고 있는 사회에서 사람들은 누구나 고독하다.

이 세상에 고독하지 않는 사람은 아무도 없다. 고독은 모든 위대한 정신의 운명이다. 부족한 저의 졸저【지혜의 나무】가 독자 여러분들에게 새로운 진리의 깨달음을 얻고 밝은 미래를 창조해 나가는 데 영혼의 양식이 되었으면 한다.

끝으로 추천사를 써 주신 전) 한국교원대학교 총장 김주성 박사님, 교육타임스 김상규 회장님께도 심심한 사의를 드린다. 편집과 교정을 꼼꼼히 살펴 주신 공주대학교 겸임교수 박은종 박사에게도 고마운 인사를 드립니다.

엮은이 진 점 규

목차 (CONTENTS)

제1부 겸손

진실(眞實)	영혼의 빛	19
겸손(謙遜)	성공의 열쇠	20
인간관계(人間關係)	춤과 리듬	22
위대한 생각	새로운 사고(思考)의 고통	24
직업(職業)	재능과 능력	26
집중과 단련	창조의 힘	27
행운(幸運)	신이 인간에게 준 축복	29
인내(忍耐)	고귀한 마음의 열정	30
희망(希望)	마음의 꽃	32
정직(正直)	인격·인품의 초석	34
배움	배움에는 왕도가 없다.	36
친절(親切)	미덕을 기르는 햇빛	38
우정(友情)	영혼의 결혼	40
충고(忠告)	마음의 문을 여는 주문	42
침묵(沈默)	지혜의 가장 좋은 대답	44
경청(傾聽)	인관관계의 최고의 보석	45
영혼(靈魂)	마음의 빛	47
말하기와 듣기	입은 재앙의 문	48
칭찬(稱讚)의 기적	자신감을 심어주는 언어의 천사	50
교육(敎育)	위대한 정신유산	52
성공관리	인생의 빛과 그림자	54
행동(行動)	두려움을 제거하는 특효약	56
열정(熱情)	위대한 정신의 힘	58
사색(思索)	자아를 발견하는 순백의 순간	60
양심(良心)	하늘이 준 마음의 불꽃	61

재2부 지혜

아름다움	진실의 빛	65
지혜(智慧)	인생의 빛	66
위대(偉大)함	역경 속에 흔들리지 않는 정신	68
능력(能力)	가난한 사람의 재산	69
리더십(leadership)	설득하는 능력	70
판단력(判斷力)	현명한 사람의 보물	71
목표(目標)	인생의 나침반	72
편견(偏見)	마음의 색안경	74
책임(責任)	고통을 이겨내는 용기	75
평화(平和)	지혜로운 보석	76
분노(憤怒)	마음속의 불꽃	77
불행(不幸)	먹구름 속에 숨어있는 마음	78
불가능(不可能)	역경 속에 숨어 있는 진리	79
비난(非難)	날카로운 칼날	80
가난	행복의 가장 큰 적	82
근심	마음의 가시덤불	84
슬픔	눈물의 소리 없는 말	85
고독(孤獨)	영혼의 집	86
돈	악행의 어머니	88
평정	마음의 무지개	90
고통(苦痛)	인생의 가시밭	92
마음	영혼이 숨 쉬는 공기	94
휴식(休息)	노동의 달콤한 양념	96
노화(老化)	노년의 꽃	98

제3부 관용

기회(機會)	준비하고 노력하는 자의 행운	103
소신과 고집	마음의 심술장이	104
두려움	용기의 무서운 적	105
믿음	뿌리 깊은 나무	106
관용(寬容)	미덕의 제왕	108
성취(成就)	노력의 참된 대가	110
힘	인내의 고결함	111
성격(性格)	운명의 열쇠	112
수치(羞恥)	부끄러운 양심	114
예술(藝術)	영혼이 준 아름다움	115
만족(滿足)	마음의 재산	116
명예(名譽)	순결한 희망	117
과학(科學)	탐구의 혼	118
일	인생의 불로초	120
선(善)	행복의 씨앗	122
경험(經驗)	인생의 학교	123
자신감(自信感)	희망의 불꽃	124
지식(知識)	두려움의 해독제	126
미소(微笑)	정신안정제	128
가정(家庭)	생명의 산실	130
이성(理性)	지혜의 열쇠	132
베풂	미덕의 씨앗	133
비밀(祕密)	보이지 않는 힘	134
죽음	여행의 도착지	135
기억(記憶)	마음속의 일기장	137

제4부 정의

삶	인생의 수수께끼	141
정의(正義)	인류의 진정한 가치	142
실패(失敗)	성공의 지름길	144
시간	인생의 재료	145
미덕(美德)	영혼의 재산	147
책(冊)	인생의 좋은 벗	148
유머(Hunmour)	삶의 윤활유	150
자기 자신(自己 自身)	마음의 경영자	152
미래(未來)	보이지 않는 희망의 열차	154
소유물(所有物)	영혼의 평온함과 안식	155
목적(目的)	인생의 내비게이션	156
자유(自由)	신(神)이 준 소중한 선물	157
거짓말	요술쟁이	159
중용(中庸)	마음의 저울	160
행복(幸福)	마음의 파랑새	162
걱정	불행의 기원	164
끈기	성공의 부적	165
나태(懶怠)	죄악의 시원 (始原)	166
노동(勞動)	희망의 보금자리	167
속임수	사악의 꽃	168
여가(餘暇)	일의 자극제	169
야망(野望)	사막의 오아시스(Oasis)	170
역경(逆境)	성공의 씨앗	172
가치(價値)	진실의 씨앗	174

제5부 용서

용서(容恕)	마음의 지우개	179
고결(高潔)	인격의 소금	182
단순(單純)함	위대함의 극치	183
덕(德)	선행의 씨앗	184
독서(讀書)	자유로운 영혼	186
봉사(奉仕)	지고선 최고의 가치	187
성공(成功)	열망하는 자의 꿈	188
실수(失手)	편견의 친구	189
명성(名聲)	인간의 본성	190
어리석음	지혜의 다른 이름	191
악행(惡行)	죄의 씨앗	192
운명(運命)	인생의 지배자	194
의지(意志)	위대함의 힘	196
정신(精神)	영혼의 주인	197
탁월(卓越)함	노동에 대한 보상	198
탐욕(貪慾)	물을 삼켜버리는 사막	199
사랑	마르지 않는 영혼의 선물	200
실행(實行)	행동의 실체	201
지루함	따분함의 극치	202
나 자신(自身)	자아(自我)의 주인	203
역사(歷史)	시대의 증언	204
용기(勇氣)	마법의 부적	206
질투(嫉妬)	분노의 불씨	208
아첨(阿諂)	비굴함의 본성	209
동정(同情)	사랑의 파도	211
본성(本性)	마음의 본향(本鄕)	212
예의(禮儀)	인격의 향기	213
다툼	자신의 만행	215
시련	성공의 씨앗	216

제1부

겸손

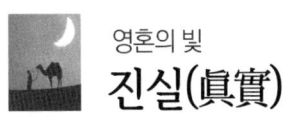

영혼의 빛
진실(眞實)

진실은 마음의 양식이다.
가장 밝은 빛도 어두움이 있어야만 비로소
그 존재를 인정받는다.

진실을 소화시키려면 슬기와 지혜로움이 있어야 한다.
세상의 모은 것들이 관습의 잘못된 저울로 평가되는 동안
진실은 깊은 곳에서 발견된 보석이다.
진실은 그것을 말하는 사람을 결코 다치게 하지 않는다.
믿을 수 있는 모든 것은 진실의 모습이다.
진실은 능변과 미덕의 비결이고,
도덕적 권위의 근거다.
그것은 예술과 인생의 최고점이다.

진실을 추구하고 그것을 사랑하는 자는 어떤 사회에서도
소중한 사람으로 간주되어야 한다.
진실은 우리에게 일상에 만족하고 다른 사람들과 동일한 행복감을
공유하라고 가르쳐주는 깊은 친절함이다.
진실의 영혼과 자유의 영혼은 사회의 기둥이다.
위대한 진실은 인간 영혼의 일부분이다.

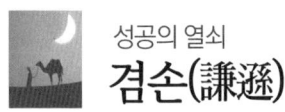

성공의 열쇠
겸손(謙遜)

인생이란 겸손을 배우는 긴 여정이다.
겸손은 자신을 낮추는 것이 아니라 자신을 세우는 것이다.
진정으로 용기 있는 사람만이 겸손할 수 있다.

겸손은 인생에서 성공하기 위한 열쇠이다.
항상 자기가 설 곳보다 조금 낮은 곳을 택하라.
타인으로부터 내려가라는 말을 듣는 것이 아니라,
올라가라는 말을 듣도록 노력하라.
스스로 높아지려고 한다고 해서 높아지는 것이 아니다.
자기 스스로 높은 곳에 앉은 사람을 신은 아래로 밀어내고
스스로 겸손한 사람을 부축해 올려 준다.

인간이 신 앞에 겸손해질수록 그는 귀하게 여겨진다.
그러나 사람 앞에 교만해질수록 그는 천해진다.
진정한 겸손은 자신보다 작아질 때까지 굴복하는 것이 아니다.
자신에게 있는 가장 큰 위대함에 실재하는 빈약함이 무엇인지
보여줄 보다 높은 어떤 힘에 대항하여,
자신의 모습 그대로 서 있는 것이다.

겸손의 열매는 사랑과 평화이다.
겸손하게 행동하되 비굴하지 마라.
겸손은 모든 미덕중 가장 이루기 힘든 것이다.
자신을 좋게 생각하려는 욕망만큼
잠재우기 어려운 욕망은 없기 때문이다.

중요한 사람인 척 하지 말고 진정으로 중요한 사람이 되라.
어떤 이는 자신이 중요한 일을 하고 있는 것처럼 보이려 한다.
자신이 하는 모든 일을 신비롭게 꾸미는 것은
야비한 짓이며 사람들에게 웃음거리를 제공한다.
허영(虛榮)은 어떤 것이든 역겨운 것이며 우습기까지 하다.
자신이 지닌 장점을 과시하듯 내세워서는 안 된다.
자신은 행동으로 만족하고 그에 대한 얘기는 남들에게 맡겨라.

물이 바다로 모이는 것은 바다가 낮은 곳에 있으며
모든 것을 수용할 수 있는 용량이 있기 때이다.
물이 불의 사나움을 누그러뜨리듯이
겸손함은 화를 누그러뜨린다.
겸손이 아니라면 참된 영적순결은 없다.
겸손은 자신을 올바르게 판단하는 인격의 거울이다.

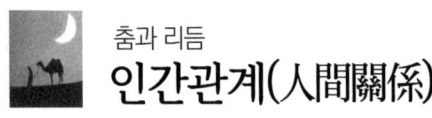

춤과 리듬
인간관계(人間關係)

인생의 성공은 좋은 인간관계에 있다.
좋은 인간관계는 보석과 같다.
그 보석이 빛을 발할 때 삶은 가치가 있다.

모든 빛에는 그림자가 따른다.
귀리를 심은 밭에서 밀을 추수할 수는 없다.
콩 심은 데서 콩 나는 것이다.
누구나 자기 행동의 결과를 반드시 겪는다.
악행을 저지른 자는 다이아몬드가 구슬을 부수듯이 자기 몸을 망친다.
가시나무를 심은 자는 거기에서 장미를 절대로 기대해서는 안 된다.

삶은 하수도와 같다.
거기서 무엇을 얻는가는 무엇을 집어넣는가에 달려있다.
불명예는 사실무근에서 결코 초래되지 않는다.
견고한 기초 위에 좋은 건설(건축)이 있고
튼실한 뿌리 위에 좋은 열매가 있다.
샘이 깊어야 강물이 흐르고 강물이 흘러야 물고기가 모인다.
뿌리가 깊어야 나무가 잘 자라고 나무가 잘 자라야 튼실한 열매가 맺는다.
불이 없는 곳에는 연기도 없다.

훌륭한 인간관계는 춤과 같다.
인간관계도 춤을 추듯 리듬을 타고, 상대를 배려하며,
상대의 스텝에 자신을 맞추어야 원활하게 잘 이루어진다.
누군가 당신의 앞길에 재를 뿌리는 사람이 있다면 멀리 하라.
그렇지 않으면 그로 인해 당신의 꿈은 날아가 버릴 것이며
전진할 수도 성장할 수도 없게 된다.
타인의 장점을 먼저 보는 연습은
좋은 인간관계를 맺게 하는 씨앗 같은 것이다.

새로운 사고(思考)의 고통
위대한 생각

생각은 호수처럼 잔잔한 길을 만든다.
현명한 사람은 환경이 아닌 생각에 자신의 믿음을 둔다.
사상과 이념이 부족하거나 모순적이라고 해서
비난 받아서는 안 된다.
모든 새로운 사상은 오래된 사상들 가운데 처음으로 소개 될 때
부족함이 많은 법이다.
우리는 인내하며 모순점이 없어질 수 있는지 거스르는지 알아야 한다.
후자의 경우라면 그 사상에서 벗어날수록 좋다.

생각은 진보의 원료다.
모든 것이 처음에는 생각을 구체화한다.
그러나 그 생각 자체만 가지고는 가치가 없다.
기계처럼 생각 또한 동력이 있어야만 무언가를 할 수 있다.
생각을 통해 부(富)와 명성을 얻은 사람은
자신의 장점과 돈에 혼신의 힘을 다해 전념한 사람들이다.
인류의 진보 뒤에는 일부 고독한 개개인의 마음속에서 성장한
창조의 힘이 있다.
바로 남들이 잠잘 동안에도 꿈으로 깨어 있는 자들의 힘이다.

인간의 본성에 있는 가장 큰 고통 중 하나는
새로운 생각의 고통이다.
생각은 그것을 표현할 때까지는 명백해질 수 없다.
우리는 쓰거나 말거나, 혹은 우리의 생각을 행동해야 한다.
그렇지 않으면 그것은 반휴면 상태로 남아 있을 것이다.

우리의 감정은 반드시 표현해야 한다.
그렇지 않으면 감정은 비를 내리기전까지는
절대로 과일이나 꽃을 키울 수 없는 구름과 같다.
그래서 그것은 모두 우리 내부의 감정들이다.
표현은 감정을 발육시키고 생각은 꽃을 피운다.

언어는 꽃봉오리를 맺고, 행동은 그 뒤에 있는 과일이다.
인생의 행복은 생각의 질에 달려있다.
고귀하고 관대한 사고를 갖는 자에게
신(神)은 행운을 선사한다.
인생은 삶에 대한 고귀하고 깊은 생각의 응용이다.

재능과 능력
직업(職業)

수레를 끄는 사람이 있으면 타는 사람이 있다.
부리는 사람이 있으면 고용살이하는 사람이 있다.
농사를 짓는 사람이 있으면 곡식을 사 먹는 사람이 있다.
구두수선공의 엄지손가락이 검다고 그를 조롱하자 마라.
세상의 모든 직업은 귀천이 없다.
신(神)은 모든 인간들에게 각각 천부적인 재능과 능력을 주었다.

좋은 일자리는 삶에 활력을 주고 의미를 부여하지만
잘못된 일자리는 삶의 의미를 고갈시킨다.
게으름과 무직 상태는 어리석은 자를 파멸시키는 가장 좋은 수단이다.

사람은 남의 떡이 크게 보이듯 남의 직업은 좋게 보이지만
자신의 직업은 항상 지루하고 권태롭다.
가장 비천한 직업도 나름대로 즐거운 순간이 있다.

자신의 직업을 사랑하고 제 분수를 깨닫게 하라.
우리의 가장 큰 행복은 우연히 부여한 생활 여건에 좌우되는 것이 아니라
깨끗한 양심, 건강, 직업, 모든 정당한 추구의 자유에서 오는 것이다.
자신을 사랑하듯 자신의 직업을 사랑하라.

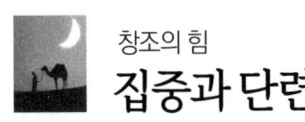

창조의 힘
집중과 단련

당신이 하고 있는 일에 온 정신을 집중하라.
햇빛은 한 초점에 모아질 때만 불꽃을 내는 법이다.
항상 오늘만을 위해서 일을 하는 습관을 기르는 것이 좋다.
내일은 저 혼자 찾아온다.
처음에 결심한 일을 끝까지 몸에 지니지 못함은
잡념에 마음이 끌리기 때문이다.
무슨 일이고 한 가지 일을 성취하려면
그 밖의 다른 생각을 하지 말아야 한다.
그렇기 때문에 여러 가지 일 중에서 가장 중요한 일
하나를 선택하는 것이 중요하다.
처음에는 우리가 습관을 만들지만
그 다음에는 습관이 우리를 만든다.

마음이 바로 열쇠다.
정신을 집중하면 믿지 못할 만큼 창조적인 힘이 생긴다.
일단 목표와 욕구에 포커스(Focus)를 맞추게 되면 도중에 만나는
시행착오, 교훈, 시련, 기쁨 그 모든 과정을 헤치고
마음은 마치 열 추적 미사일처럼 움직여 결국 자신이 원하는
정확한 지점에 도달하게 되는 것이다.

이것은 포커스를 유지하는 한 계속된다.
이 세상의 그 어떤 것도
집념을 이길 수는 없다. 재능도 아니다.
재능은 있어도
성공 못한 사람이 너무도 흔하기에
천재성도 아니다
인정받지 못한 천재는
웃음거리가 되기 쉽기에 교육도 아니다.
교육을 받고도
세상에는 낙오하는 사람이 넘쳐나기에
오직 목표와 집념만이 모든 것을 가능케 한다.

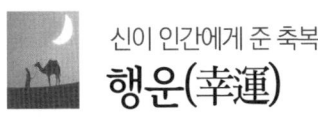

신이 인간에게 준 축복
행운(幸運)

행운은 능력 있는 하인처럼 자신을 돕는다.
지혜로운 자에게는 언제나 행운이 충분하다.
오히려 너무 과한 행운은 바보같이 낭비할 우려가 크다.
진정 행복한 사람은 자신에게 닥친 행운은 물론 불행까지도
감당할 수 있는 사람이다.
침착하게 변화를 이겨내는 사람에게는
불운이 닥치지 않는다.
인간사에는 늘 흥망성쇠(興亡盛衰)가 있다.
운이 없어 떠밀려가거나 무언가를 잃게 되는 것도 다반사다.
인생이라는 바다를 항해하는 내내 비극은 넘실거리게 마련이다.

인간은 스스로 운을 만들기 어렵다.
그저 행운의 여신이 쳐놓은 거미줄에 놀아날 뿐
거미줄을 끊어버릴 수는 없다.
성실한 자는 자신에게 찾아오는 행운을 능력껏 활용할 수 있다.
용감하고 신중한 자만이 행운을 얻는다.
여기에 풍부한 재치도 두루 겸비해야 한다.
스스로 운을 더 좋게 만드는 사람이야말로
진정으로 위대한 사람이다.

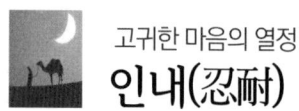

고귀한 마음의 열정
인내(忍耐)

인내는 희망을 갖는 기술이다.
인내심을 가져라, 처음부터 쉬운 일은 아무것도 없다.
모든 것에 성공한 사람과 실패한 사람의 궁극적인 차이는 인내다.

위대한 사람은 모두 무모한 인내심을 가지고 있다.
인내심이 많은 사람은 힘은 있으나 조급한 사람을 반드시 이긴다.
모든 것에 인내심을 가지되, 가장 중요한 것은 자기 자신에게
인내심을 기울이는 일이다.
자신의 단점으로 인해 용기를 잃지 말라.
그것을 즉시 고쳐라, 그리고 날마다 다시 시작하라.
인내심을 가지고 단순한 일을 완벽하게 하는 사람만이
어려운 일을 쉽게 하는 기술을 습득할 수 있다.

끈기는 최고의 기질이며,
인내는 고결한 마음의 열정이다.
위대한 행동을 하려고 애쓰지 마라.
인내심을 갖추는 것만으로도 위대하고 고귀한 힘을 가진 것이다.
서두르지 않고 신중하게 나아가는 사람에게 너무 먼 길은 없다.

인내심을 갖고 준비하는 사람이 도달하기에 너무 먼 명예는 없다.
인내는 영혼을 강하게 하고, 기분 좋게 해주고, 화를 참게 해주고
질투를 없애고, 교만을 억제하고, 말을 제어한다.
가정의 행복을 누리려면 인내가 필요하다.
변덕을 부리는 사람은 불행을 택한다.
군자(君子)는 가난을 잘 견디지만 소인(小人)은 가난해지면 멋대로
행동한다.

신념의 핵심은 인내다.
모든 것을 대담하게 참고 견뎌라,
인간은 모든 불행을 극복하면서 전진하는 것이다.
모든 것은 기다릴 수 있는 사람에게 온다.
인내와 겸손이 있는 곳에는 분노도 고뇌도 없다.
세상에 즐거움만 있다면,
우리는 용기와 인내를 결코 배우지 못했을 것이다.
군자는 편안할 때 마음을 가다듬어 재난을 염려하고 재앙을 만나면
끝까지 참으면서 성공을 도모한다.

마음의 꽃
희망(希望)

희망은 영혼 위에 걸터앉은 한 마리 새다.
희망은 마음에 꽃을 피게 하기 때문에
그대의 삶을 지배하는 것이다.
희망이 무엇이냐에 따라 현재의 삶이 정해진다.
좋은 일이 생길 것이라고 믿어야 그렇게 되듯이
희망을 그리는 사람은 그 희망을 닮아간다.

희망은 최고의 재산이다.
위대한 희망은 위대한 인물을 만든다.
희망은 어린 욕망의 어머니다.

희망은 늘 괴로운 언덕길 너머에서 기다리고 있다.
지금의 고통이 언젠가는 사라지리라는 희망.
누군가 어둠 속에서 손을 뻗어 주리라는 희망.
내일은 내게 빛과 생명이 주어지리라는 희망.
그런 희망이 있어야 그대의 투혼도 빛난다.
희망은 고통을 극복하고 삶을 변화시킨다.
희망은 승리의 날개 짓으로 힘차게 솟아오른다.

희망의 가치는 돈으로 따질 수 없다.
인간은 희망의 기반으로 산다.
인간은 아무것도 가진 것이 없지만 희망이 있다.
이 세상은 단연코 희망의 공간이다.

희망은 힘찬 신념이요,
충고와 수행의 빛과 온기를 준다.
일할 수 있는 의지와 감정을 주고, 최선을 다할 수 있도록 격려한다.
또 끊임없이 활동하고 확신함으로써 어려움을 몰아내고
불가능을 무너뜨린다.

희망은 우리에게 늘 말한다.
내일은 보다 나을 것이라고.
희망은 두려움 속에서 서서히 나타날 때 가장 밝은 빛이 난다.
희망은 절대 당신을 버리지 않는다.
당신이 희망을 버릴 뿐이다.
신이 우리에게 주신 중요한 축복은 바로 희망이다.

인격·인품의 초석
정직(正直)

인간은 자기 자신에게 솔직해야만
남들에게도 솔직할 수 있다.
정직성은 개인이 갖고 있는 우수함의 토대이다.
정직성을 토대로 하지 않는 재능은 쓸모없는 껍데기다.
정직함은 자신감에서 비롯되어 겸손함으로 이루어진다.
정직한 사람은 겸손하고 자신의 행동을 자랑하지 않는다.
자신에게 솔직하지 못한 자는 가망 없는 환자와도 같다.

근면한 사람은 대개가 정직하다.
근면은 그들에게 유혹을 걷어치우기 때문이다.
정직은 모든 인간관계에서 주체가 되어야한다.
자신감이 없는 사람일수록 자꾸 감추려 하고
겸손하지 않은 사람일수록 드러내고자 애쓴다.

정직은 사회를 묶는 끈이다.
그것이 없으면 사회는 무질서와 혼란으로 무너질 것이다.
정직은 작은 유혹을 뿌리칠 수 있는 능력이다.
미국의 갑부 100명중 98명은 정직하다.
그래서 그들은 부자가 된 것이다.

젊은이의 인생에서 가장 어두운 시간은 정직하게 돈을 벌지 않고
일확천금(一攫千金)을 벌 수 있는 방법을 연구하는 시간이다.
참으로 정직한 사람은 없다.
우리 중 누구도 이익의 위력을 능가하지 못하기 때문이다.
모든 사람이 정직하다고 믿는 것은 어리석다.
그러나 정직한 사람이 아무도 없다고 믿는 것은 더욱 어리석다.
행복한 사람의 무기는 정직함이다.
정직함은 말과 행동을 통해 빛을 발한다.

 배움에는 왕도가 없다.
배움

배움은 질문으로 열 수 있는 보석상자다.
배우지 않고 스스로 알거나 묻지 않고도 스스로 깨닫는 사람은 없다.
배우는 사람이란 자기가 모르는 것을 발견할 줄 아는 사람이다.

배우는 방법을 아는 자는 더 많은 것을 알게 되며.
현명한 자를 더욱 현명하게 어리석은 자를 더욱 어리석게 한다.
격물치지(格物致知)란
사물의 이치를 탐구하여 완전한 지식에 도달 한다는 뜻이며
온고지신(溫故知新)이란
옛 것을 다시 배워 새로운 것을 안다는 뜻이다.

사람들은 학교가 아닌 일상생활에서 배운다.
남을 가르치는 동안에 자기가 배운다.
세 사람이 함께 길을 간다면 거기에는 반드시 나의 스승이 있다.
그들의 좋은 점은 골라서 배우고
나쁜 점은 골라서 나 자신을 고치는 것이다.
배움 이상의 어떤 것을 준비하는 것은 실패를 가져 온다.
가장 중요한 것은 배움에 이르고자 하는 갈망이다.

어려운 것을 배우는 데 있어 쉬운 방법이란 없다.
쉬운 방법은 문을 닫는 것이며 정통하지 못한 것을 포기한 채
공부하는 것이다.
배우기만 하고 깊은 생각이 없다면 깨닫지 못하고, 배우지 않고
멋대로 생각에 잠기면 위태롭다.
배우는 사람은 본심을 맑고 투명하게 닦고 가슴속을 찬란하게
비추어야하며 사물을 대할 때마다 마음에 깨닫는 바가 있어야한다.

그리고 학문 태만의 적은 자기만족이다. 자기만족을 버리기 전에는
아무것도 배울 수 없다. 잘 배우는 사람은 남의 장점을 보고
자신의 단점을 고친다.
사람은 배우면 배울수록 자신의 무지를 더 많이 알게 된다.

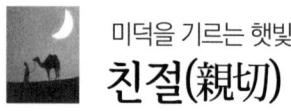
미덕을 기르는 햇빛
친절(親切)

친절은 벙어리가 말할 수 있는 언어요,
귀머거리가 들을 수 있는 언어다.
친절한 말 한마디가
석 달 겨울을 따뜻하게 해준다.
친절은 미덕을 기르는 햇빛이다.
친절은 미모보다 가치가 있다.
친절은 타인의 고통과 기쁨을 자기 것으로
여기는 능력을 전제로 한다.
친절은 사회를 하나로 단결시키는 최고의 연결고리다.
친절에 감사한 사람은 그 역시 친절한 사람이다.

친절은 또 다른 친절을 불러일으키고 선행에 의해 행복이 증대된다.
다른 사람에게 관대하고 친절한 것이
자신의 마음에 평화를 유지하는 길이다.
남에게 친절함으로써 그 사람에게 준 유쾌함은
자신에게 돌아오며 때로는 이자를 가져오기도 한다.
예의는 예를 갖춘 자에게 세상을 순회할 수 있는 통행권을 준다.
예의는 낯선 이방인을 믿음직한 친구로 바꿔놓는다.
예의는 사람에게 강요되는 것이 아니라,

사람에게 친절을 다하는 것이다.
마음이 행동을 부추긴다면 거기에는 이유가 있다.
이유가 있다면 이는 예의가 아니다.
예의에는 아무런 이유가 없기 때문이다.
예의는 기꺼이 하는 마음이며,
그런 마음은 친절하고자하는 사랑과 충만한 마음을 불러일으킨다.
오직 너그러운 사람만이 진정 예의 바른 사람이다.
이런 사람은 보답을 바라지 않고 아낌없이 베푼다.

삶은 한 번 뿐이다.
그러므로 내가 보여줄 수 있는 친절.
또는 내가 동료에게 할 수 있는 어떤 좋은 일이 있다면
지금 하라.
이 길을 다시 지날 수는 없기에 미루거나 포기하지 말라.
한결같이 남을 배려하는 습관은
당신에게 큰 행운을 가져다 줄 것이다.
타인에게는 온화하되, 자신에게는 엄격하라.

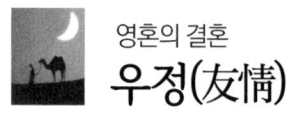

영혼의 결혼
우정(友情)

친구는 세월의 도둑이다.
봄부터 흐르는 물은 겨울이 되어도 얼지 않듯이
마음에서 우러나오는 우정은 역경이 닥친다고 해서 식지 않는다.
불행했을 때 만난 친구는 가장 소중히 여겨야한다.
행복했을 때 함께 기쁨을 누리는 친구보다 힘들 때 슬픔을
덜어주는 친구를 더 많이 신뢰할 수 있다.
부유했을 때는 친구를 사귀기 쉽지만,
어려울 때는 눈을 씻고 봐도 친구를 찾기 어렵다.
누군가 진정한 우정을 나누고 있다 할지라도 그 우정을 지키려면
오랜 시간이 걸린다.
짧은 시간 안에 많은 친구를 얻기란 불가능하다. 왜냐하면
그들은 진정한 친구가 아니기 때문이다.

친구란 말하자면 또 하나의 자신이다.
친구를 보면 그 사람을 알 수 있다.
현명한 사람과 어리석은 사람은 서로 어울리지 않는다.
친구는 나를 동정하는 자가 아니라 나를 돕는 자다.
서로가 고통을 덜어 주지 않는다면 우리는 무엇을 위해 사는 것일까?
우리는 모두 적막한 세계를 떠도는 나그네다.
그 여정에서 찾을 수 있는 최고의 선물은 바로 믿음직한 벗이다.

좋은 벗은 충격을 덜어주는 완충장치(緩衝裝置)와도 같은 것이며
인생의 길에서 충동을 피할 수 있도록 도와준다.
우정만이 세상을 하나로 만들 수 있다.

우정은 영혼의 결혼이다.
간담상조(肝膽相照)는 간과 쓸개를 드러내 보인다는 절친한 사이다.
관포지교(管鮑之交)는 관숙과 포숙아의 사귐이다.
변함없는 돈독한 우정.
막역지우(莫逆之友)는 마음에 거슬리는 것이 없는 친구,
더할 나위 없이 친한 친구
문경지교(刎頸之交)는 목을 베어줄 정도의 우정, 변함없는 우정
참된 사랑이 아무리 드물다 해도 참된 우정만큼 드문 것은 아니다.
참된 우정은 건강과 같아서 그것을 잃어버려야만
그 가치가 드러난다.

사랑에는 신뢰가 우정에는 이해가 필요하다.
사랑은 두 마음이 한 몸이 되는 것이고,
우정은 두 몸이 한 몸이 되는 것이다.
나아가 우정은 신들의 선물이며 사람에게 소중한 행운이다.

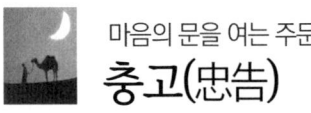

마음의 문을 여는 주문
충고(忠告)

충고는 하늘에서 내리는 눈과 같다.
부드럽게 오랫동안 떨어질수록 마음속 깊은 곳까지 파고든다.
훌륭한 충고에서 무언가 얻으려면 지혜가 필요하다.
충고는 음식에 넣는 양념처럼 넣기는 쉽지만 돌이키기는 어렵다.
상대의 약점을 알게 될 때 우리는 그 사람에게 충고를 한다.
그러나 타인에게 충고를 하는 것 보다는
자신의 약점부터 먼저 돌이켜보는 것이 제대로 된 순서다.

어느 사회에서나 지배하는 사람과 충고하려는 사람이 있다.
충고에 귀를 기울이면 자신을 발전시킬 수 있다.
가까이 하기에 어려운 사람이 되지 말라.
다른 사람의 충고가 필요하지 않을 만큼 완벽한 사람은 없다.
다른 사람의 말을 듣지 않는 사람은 어쩔 도리가 없는 멍청이다.
아주 똑똑한 사람도 충고가 필요할 때가 있다.
가까이 하기에 어려운 사람은
혼자서 제멋대로 되기 쉬우며 자멸할 수도 있다.
가장 좋은 방법은 친구가 마음대로 들어오도록
문을 열어 두는 것이다.
그 문은 도움을 주는 문이다.

자기 자신을 반성하기는 어려워도 남에게 충고하기는 쉽다.
잘못을 지적할 때는 단도직입적이 아니라 에둘러 하라.
결점만을 열거해서 안 되며 장점도 말해 주어야 한다.
상대방이 5%의 잘못이 있어도 3-4%만 비판하라.
그래야 상대방도 귀를 기울이고 변명도 늘어놓지 않을 것이다.
만약 5% 전부를 비판하거나 그 이상 덧붙여 비판하면
상대방의 반발을 살뿐 아무에게도 도움이 되지 못한다.

상대방이 충고를 받아들이지 않는 것은
충고하는 방법에 잘못이 있기 때문이다.
좋은 충고는 가까운 이의 인생의 전기를 마련해줄 수 있다.
혹독한 충고는 아무런 효과가 없다.
그것은 쓸모없는 망치와 같다.

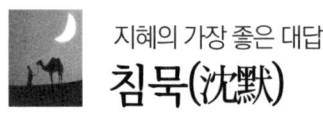

지혜의 가장 좋은 대답
침묵(沈默)

고요함은 어떤 노래보다도 음악적이다.
침묵은 영원처럼 깊고 말은 시간처럼 얕다.
그리고 참된 지혜의 가장 좋은 대답이다.
침묵은 절대 배신하지 않는 친구다.
사람들은 대부분 말을 너무 많이 한다.
내 성공의 많은 부분은
내가 입을 다물고 있었던 것에서 기인(起因)한다.

침묵은 진실의 어머니다.
침묵이 때로는 가장 잔인한 거짓말을 한다.
침묵은 훌륭한 조정자다.
침묵은 실수를 만들지 않는다.
침묵하는 사람은 어디서든 환영받는다.
침묵은 참기 어려운 재치 있는 응답이다.

행복한 삶은 조용한 삶이어야만 한다.
왜냐하면 참다운 기쁨은 오직 조용한 분위기에서만
살아나기 때문이다.
우리 인생의 가장 감동적인 순간에는
아무 말도 하지 못한다.

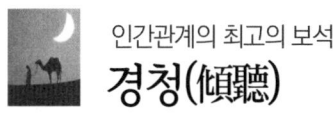

인간관계의 최고의 보석
경청(傾聽)

신이 인간에게 한 개의 혀와 두 개의 귀를 준 것은
말하는 것보다 말을 두 배 더 많이 들으라는 것이다.
대화는 단순한 만남 이상의 의미를 가지고 있다.
경청이란 단순히 말을 하지 않고 듣는 것이 아니라,
상대방의 진심을 믿고 받아들인다는 의미를 가지며
그대의 마음의 중심이 상대를 향하는 것이다.

말을 들을 때는 언제나 상대방의 눈을 보아야 한다.
상대의 눈을 보지 않는 것은 커다란 결례이다.
상대의 말은 귀가 아닌 눈으로 들어라
타인이 말하는 것에 대해 세심한 주의를 기울이면서 듣고,
상대의 마음속을 읽으려면 귀보다는 눈에 의지하라.
경청은 상대방의 호감을 얻는데 웅변보다 효과가 크다.
남의 말을 들으면서 중간에 말을 가로채면서,
'잠깐만요'하는 습관은 대화를 할 줄 모르는 사람이다.
남의 이야기를 끝까지 들어주는 것은
보통의 인내심이 아니면 어려운 일이다.

경청의 원칙은 상대를 소중한 인격체로 받아들인다는 의미를

내포하고 있다.
되도록 자신의 생각을 잠시 접고 상대의 말에 집중하라.
'상대방보다 적게 말 하겠다'는 인내심을 발휘해야한다.
삼성그룹의 고(故) 이병철 회장이 자녀들에게 남긴 유언이 바로 '경청'이다.
경청은 상대방에게 할 수 있는 최고의 찬사 중 하나이다.
경청을 잘하는 것이 참된 체세(處世)의 비결이다.

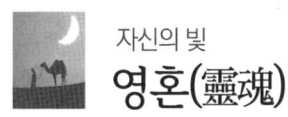

자신의 빛
영혼(靈魂)

영혼은 사람들의 삶을 지배한다.
모든 인간의 영혼은 무한한 가치를 지니며 영원히 자유롭다.
그러므로 무한한 노력을 해야 하는 목표는
언제나 손에 닿지 않는 곳에 있다.
하늘의 아름다움을 보는 것은 눈이 아니다.
음악의 감미로움이나 기쁜 소식을 듣는 것은 귀가 아니다.
바로 모든 흥미를 이해하는 영혼이다.
자기 영혼을 지식과 결합시키면 천국의 열쇠를 훔치는 것과 같고
자기 자신만의 영혼을 거둘 수 있는 유일한 감옥이다.

영혼은 불멸이고 영혼의 활동은 영원히 계속될 것이다.
그것은 마치 태양과 같다.
우리 눈에는 밤에 지는 것처럼 보이지만
실제로는 자신의 빛을 어디론가 흐트러뜨리는 것이다.
세월이 가면 얼굴에 주름살이 잡힐지 모르나,
인생에 대한 흥미를 단념하면 영혼에 주름살이 생긴다.
물질적 가난은 없애기가 쉽지만 영혼의 가난은 없앨 수가 없다.
근면이 없는 삶은 죄악이고 예술이 없는 근면은 야만이다.
상상은 영혼의 예술이고, 시인은 영혼의 화가이다.

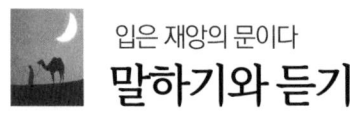

입은 재앙의 문이다
말하기와 듣기

불씨 하나가 거대한 숲을 태우고
한 마디 말실수가 평생공덕을 무너뜨린다.
말하는 것은 지식의 역할이고 듣는 것은 지혜의 특권이다.
말하는 것의 반대는 듣는 것이 아니라 기다리는 것이다.
남의 말을 잘 경청하는 것은 제2의 유산이다.

말은 삶의 모습이다.
말은 영혼의 지표이자 거울이다.
말은 그 사람의 마음의 소리이다.
말은 병든 마음을 치료하는 의사다.
말을 조심해라, 벽에도 귀가 있다.
진실한 말은 간결하다.

구시화지문(口是禍之門),
입은 재앙의 문이다. 말을 조심하라.

귀가 둘이고 입이 하나인 것은,
많이 듣고 적게 말하기 위한 것이다.
내가 남에게 말할 때는 그의 눈을 보고,
남이 내게 말할 때는 그 입을 보라.

마음에는 연못이 있는 것이 좋고
입에는 문이 달려있는 것이 좋다.
마음에 연못이 있으면 밖으로 흘러넘칠 걱정이 없고
입에 문이 달려있으면 말이 밖으로 뛰어나가지 않기 때문이다.
현명한 사람의 입은 마음에 있어 생각을 마음에 감추지만,
어리석은 사람의 마음은 입에 있어 생각을 무심코 내뱉는다.
생각이 떠오른다고 해서 불쑥 말해 버리는 사람은
안에서 여무는 것이 없어 그 내면이 비어있다.
마땅히 말해야 할 때에는 말해야 한다.
말하지 않는 사람은 전진할 수 없는 사람이다.
말을 해야 할 때는 겸손하고 부드럽게 하라.
때로는 침묵이 가장 좋은 대답이 될 수도 있다.

자신감을 심어주는 언어의 천사
칭찬(稱讚)의 기적

칭찬은 바보를 천재로 만든다.
말도 못하고 듣지도 못하던 헬렌 켈러에게
기적을 만들어 준 것도 칭찬이고
손가락질을 받던 바보 온달을
위대한 장군으로 만든 것도 칭찬이다.
칭찬을 하면 누구나 칭찬 받을 일을 하고
비난을 하면 비난받을 일을 한다.
칭찬을 하는 사람을 존경한다.
마음이 따뜻한 사람은 칭찬을 잘하고
마음이 차가운 사람은 비난을 잘한다.
칭찬은 상대방에게 상상 못할 기쁨을 준다.
돈은 순간의 기쁨을 주지만
칭찬은 평생의 기쁨을 갖게 하는 것이다.
누구나 자신의 장점을 모르고 살아간다.
상대방도 모르고 있던 부분을 찾아내어 칭찬해보자.
그 감동은 열배로 증폭된다.

상대방이 칭찬받고 싶어 하는 것을 칭찬하라.
사람에게는 우수한 부분과

우수하다고 인정받고 싶은 부분이 있다.
우수한 부분을 칭찬하는 것보다
우수하다고 인정받고 싶은 것을 칭찬하는 것이
상대방이 그대에게 호의를 갖게 하는 최고의 약이다.
칭찬을 받고 싶어 하는 것을
발견하기 위해서는 관찰하는 것이 제일이다.
대개는 자기가 우수하다고 칭찬받고 싶은 것.
인정받고 싶은 것을 가장 많이 화제에 떠올리는 법이다.
그 곳이 급소이고 정곡이다.
그 곳을 찔러 칭찬하면 상대방을 나가떨어진다.
그 사람이 즐겨 화제로 삼는 것을 주의하여 관찰하라.

칭찬을 주고받으면 어떠한 어려움 속에서도 반드시 성공한다.
활력과 의욕을 높여주어 자신감이 넘치게 되기 때문이다.
운동선수는 응원소리에 힘을 되찾고
사람은 칭찬을 들으며 자신감을 찾는다.

칭찬은 태양과 같아 사람의 마음을 열게 하지만
비난은 비바람과 같아 마음을 굳게 닫게 한다.

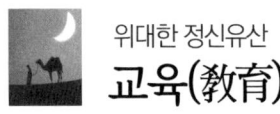

위대한 정신유산
교육(敎育)

교육은 리더십의 어머니이다.
교육의 가장 고귀한 결과는 관용(寬容)이다.
교육은 뿌리는 쓰지만 열매는 달다.
교육의 위대한 목적은 지식이 아니라 행동이다.
교육은 젊은이들의 마음을 동요시키고 지성을 선동한다.
교육의 중요한 목적 중 하나는 세상을 보는 창을 넓히는 것이다.
교육의 자유는 다른 어떤 자유보다 소중하다.
교육은 질의와 응답, 해결과정이 끊임없이 계속되는 과정이다.
이것이야말로 교육의 본질(本質)이다.
교육은 다른 사람의 경험에서 좋은 점을 배우는 행위이다.
교육은 잃어버린 기술이 아닌 전통을 가르친 것이다.
교육은 배운 것을 다 잊어버린 뒤에 오롯이 남는 것을 말한다.

교육의 목적은 지식의 발전과 진리의 전파에 있다.
아이들에게 '정직과 실천'을 길러주는 것이 교육의 시작이다.
내가 인생에서 거둔 성공은
어머니에게서 받은 도덕적, 지적, 육체적 교육의 덕분이다.
단기지교(斷機之敎)는 짜던 베를 끊어버려서 가르치는 것이다.
밭이 있어도 갈지 않으면 곳간이 비듯이

집에 책이 있어도 읽고 가르치지 않으면 자손은 어리석게 된다.
인간은 빵으로 살 수는 없다. 이는 진부하지만 곧 진리다.
교육은 이것과 같은 맥락에서 사람과 사람사이의 관계를 맺는
방법을 가르치는 것이다.
자유와 정의 다음으로 중요한 것이 교육이다.
자유와 정당함이 부재한 교육은 영원할 수 없다.

60년 전, 이 세상에 태어났을 때에는 내가 모든 것을 다 아는 것 같았다.
하지만 세월이 흐른 지금, 나는 아무것도 모른다는 것을 깨달았다.
인간은 배우면 배울수록 개성을 잃어버린다.
교육은 인간의 개성을 말살하면서 발전해 간다.
자연과 인간, 사물은 서로의 영향을 주고 받는다.
인간은 자연을 통해 깨달음을 얻고 자신의 능력과
신체를 발달시킨다.
그리고 갓 태어났을 때에는 가진 것이 없지만
점차 무엇을 가지게 된다.
이것이야말로 교육의 본질이 아니겠는가.

인생의 빛과그림자
성공관리

성공하기를 바란 사람이 막상 성공하고 나면
어떻게 해야 할지 모르는 경우가 많다.
성공을 잘 관리하지 않으면 권태의 제물이 되고 만다.
승리했을 때 행운으로부터 떠나라,
명성 있는 도박사들은 그렇게 한다.
멋진 후퇴는 대담한 공격만큼의 가치가 있다.
행한 바가 충분하고 결실이 있게 되면 안전을 도모하라.
오래 지속되는 행운은 언제나 의심스러운 것이다.
중단된 행운이 안전한 것이며 그 맛은 달콤하기까지 하다.
행운이 너무 높아지면 짧게 지속됨으로써 균형을 이뤄라.

인생에는 밀물의 때가 있고 썰물의 때가 있다.
밀물과 썰물의 때를 아는 사람은
밀물의 때를 만났다고 좋아하지 않는다.
왜냐하면 곧 썰물의 때가 올 줄을 알기 때문이다.
환호의 현관을 지나 행복의 방으로 들어선 자는
언젠가는 집 밖으로 나오게 되어 있다.
등장할 때의 갈채보다는 행복한 퇴장을 더 염두에 둬라.

중요한 것은 등장할 때의 일반적인 갈채소리가 아닌
물러날 때에 다른 사람들이 느끼는 감정이다.
어떤 일이 다시 소망된다는 것은 드문 일이며,
나가는 문지방까지 행운과 함께 한 사람은 거의 없다.
등장하는 사람에게 환영이 일반적이듯
퇴장하는 사람은 경멸받기 쉽다.
끝을 생각하라.

더위가 바야흐로 물러가려고 할 때는 한순간 매우 덥다.
밤이 가고 바야흐로 밝아지려고 할 때는 한순간 매우 어둡다.
벽을 향해 공을 던져 보라.
힘이 세면 단번에 손끝으로 공이 되돌아온다.
사물은 절정에 이르면 반드시 반동이 생긴다.
결정에까지 이르지 않도록 하면 반동은 생기지 않는다.
어리석은 사람은 절정에 이르게 된 것을 기뻐하지만,
똑똑한 사람은 오히려 그 반동을 두려워한다.

두려움을 제거하는 특효약
행동(行動)

행동은 환상을 통제한 사고의 결과다.
말은 그 사람의 지혜를 보여주지만,
행동은 그 사람의 가치를 보여준다.
행동하기 위해 생각하고
생각하기 위해 행동한다.
두려움을 극복하는 가장 좋은 방법은 행동이다.
숙명이라는 것은 없다.
좋은 일이든 나쁜 일이든 그것은 어떤 행동의 결과일 뿐이다.
행동으로 표현하지 않는 생각은 무의미하다.
생각을 뛰어 넘지 못하는 행동은 결국 아무것도 아니다.
행동하는 사람이 매혹적이지 않으면
그가 이룬 성과 또한 인상적이지 않다.
행동이 언제나 행복을 보장하지는 않는다.
그러나 행동하지 않으면 행복 또한 없다.

모든 직업과 인생에는 귀족이 있다.
여기서 귀족이란 바로 훌륭한 행동을 하는 사람이다.
인간의 유일한 자산은 행동이다.
아무리 사악(邪惡)한 것이라도 그저 생각에만 그치면

아무에게도 해를 끼치지 않으며
선량한 생각을 하드라도 행동이 뒤따르지 않으면 이득이 없다.
인간은 실수로 재산을 잃을 수도 있고
악의적인 평판으로 명예가 실추될 수도 있다
고난을 겪으며 영혼이 타락하거나 질병 때문에 건강을 잃고,
친구의 죽음을 받아들여야 할 때도 있다.

인간이 죽은 뒤에도 행동은 그를 따라 다닌다.
때문에 죽으면 아무것도 남지 않는다고 단언할 수 없다.
슬픔은 영혼에 묻은 얼룩일 뿐이다.
행동은 얼룩을 지우고 영혼을 빛나게 한다.
인간의 운명을 결정하는 것은 신중함이 아닌 행동이다.

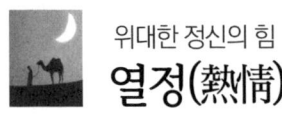

위대한 정신의 힘
열정(熱情)

천재가 만드는 모든 것은 열정의 산물이다.
열정은 이 세상에 가장 위대한 자산으로 돈과 권력
심지어 영향력까지 이긴다.
열정은 마치 신처럼 전지전능한 힘을 지닌다.
열정만큼 감정이 강한 것은 없다.
어머니는 아이에게 풍부한 열정을 물려주어야 한다.
그래서 그들이 모든 것을 잃어버렸을 때조차 열정을 바탕으로
더욱 분발하고 힘을 내도록해야 한다.
성공한 사람들을 조사·연구해 보면 그들의 행동에 전염성이
있다는 사실은 알게 된다.
그들은 자신의 행동으로 본인은 물론 상대방까지 흥분 시킨다.

열정은 꿈을 가진 사람을 도와주는 힘이다.
열정의 에너지가 사람을 끌어당긴다.
열정이 있으면 다른 사람도 그 열정에 감화되어
꿈을 실현하는 일에 도움을 준다.
열정은 확신을 낳고 평범한 사람을 뛰어난 사람으로 만든다.
열정은 공감을 통해 영향력을 발휘 한다.
열정은 어려움에 맞서게 하여 난관을 뚫고 나가게 하고
변화를 창조하고 변화를 도와주는 원동력이다.

열정을 잃어버린 것이야말로 최악이다.
그렇게 되면 처음부터 모든 것을 다시 시작해야 한다.
열정적으로 일하지 않는 사람은 스스로를 돌이켜봐야 한다.
이는 무언가 잘못되어 가고 있다는 증거다.
자기 자신과 싸워라.
이를 악물고 자기가 세운 기록을 깨기 위해 달려들어라
저절로 열정이 생기는 사람은 아무도 없다.
행동·희망·노력·전망과 더불어 열정을 키워나가라.
열정을 잃었다면 그것은 자기 잘못이다.
매시간 자신의 열정을 새롭게 다져라.

열정의 핵심은 의지다.
열정은 세대를 불문하고 기적을 일으킨다.
위대한 행동의 원동력이 되는 힘과 그것을 지탱하는
힘은 어디에나 있다.
그리고 나태함을 없애는 것은 열정뿐이다.
발상을 행동으로 옮기려고 확고한 계획을 세워야한다.
그 다음에야 비로소 열정적인 태도를 취할 수 있다.
인내 없는 열정은 광기에 불과하다.

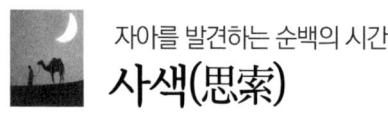

자아를 발견하는 순백의 시간
사색(思索)

모든 번잡스러운 것을 잊고 사색에 잠겨보라.
인간은 칠흑 같은 어둠속에서 고요를 맛보지 않으면 안 된다.
자기 힘으로 자기 마음속에 실존의 진리를 발견해야 한다.
사색은 참된 인식에 도달하기 위해 꼭 필요하다.

사색은 삶의 화장이다.
사색은 영혼의 안식이다.
사색하는 시간을 가져라.
마음이 경직되면 쉽게 반발하고 쉽게 분노하게 되어
중요한 것을 그르치게 된다.
사색할 때 마음은 부드러워진다.
사색해야 내면의 유연성을 키울 수 있다.

훌륭한 사람은 고독과 침묵 속에서 활동력을 찾아내며
그 활동력 속에서 고독과 침묵을 인식한다.
삶에 여백이 필요하듯 사색을 통해
자신을 비워 내는 시간이 필요하다.
사색은 자아를 발견해가는 순백의 시간이며
정신적 성장을 위한 고귀한 만남이다.

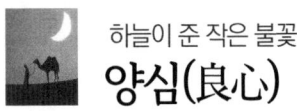
하늘이 준 작은 불꽃
양심(良心)

남들의 잘못을 지적할 때마다 너의 양심을 살펴보아라.
대부분의 사람은 자기 영혼을 팔아서 그 수입금으로
양심의 가책도 없이 산다.
세상 사람들을 속이기는 쉬워도 자기 양심을 속이기는 어렵다

깨끗한 양심은 갑옷과 같다.
양심의 명령은 운명의 목소리이다.
양심은 영혼의 목소리이고
열망은 육체의 목소리이다.

양심은 하늘이 준 작은 불꽃이다.
그것이 너의 가슴에서 계속 타오르도록 노력하라.
지혜는 사악한 마음에 들어가지 않고
양심이 없는 학문은 영혼의 파멸이다.
허영심은 명예가 무엇인지 말하고
양심은 정의가 무엇인지 말한다.

양심이 없는 과학은 영혼들의 죽음이다.
정직한 사람은 남들의 이해에 호소하거나
자기 양심의 내면적 증거를 겸허하게 믿는다.

제2부

지혜

진실의 빛
아름다움

아름다움은 인간에게 희망을 심어준다.
건강과 재산은 아름다움을 만들어 낸다
인간의 아름다움은 나이가 들어야 비로소 알 수 있으며
정직한 노동은 아름다운 얼굴을 지닌다.
아름다운 것에서 아름다운 의미를 발견한 사람들은
교양이 있는 사람들이며, 그들에게는 희망이 있다.
가장 아름답고 치장을 잘한 여자는 겸손의 옷을 입은 여자다.
미인은 자신의 아름다움을 가장 걱정한다.

용기는 진실로 아름답다.
옹졸한 사람은 용기 있는 사람을 존경할 자격조차 없다.
인간의 의무는 새로운 세상을 발견하는 것이 아니라
인간에 대한 이해와 아름다움이라는 관점에서 자신만의
세상을 찾는 것이다.
스스로 아름다워지고자 하는 의지가 있어야
아름다움을 발견할 수 있는 법이다.
인생을 아름답게 살면 본인은 물론 다른 사람도 즐거워할 뿐
아니라, 아름다움이라는 권력을 얻게 된다.
진지하고 용기 있게 살아가면 인생은 더욱 달콤할 것이다.

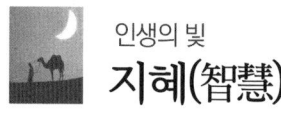

인생의 빛
지혜(智慧)

지혜는 인생의 위대한 스승이다.
지혜는 조화와 균형을 갖춘 인생의 빛이다.
지혜는 인생의 난관을 슬기롭게 헤쳐 나가게 한다.

지혜에게 키를 맡기고 돛을 올리고 인생을 항해하라.
경험은 지혜의 아버지고 기억은 지혜의 어머니다.
경험으로 얻은 지혜는 그 대가가 비싸다.
남의 불행을 보고 지혜를 얻는 사람은 행복하다.
진정한 지혜는 고통과 죄악의 극복에서 온다.
그러므로 진정한 지혜는 슬픔을 건드린다.

지혜의 문은 누구에게나 열려 있으나
그 문으로 들어가는 사람은 소수이다.
지혜 없는 지식은 나귀의 등 위에 있는 많은 책들이다.
많이 배웠다고 뽐내는 것은 지식이요. 더 이상은 모른다고
겸손해하는 것은 지혜다.
현명한 자의 지성은 유리와 같다.
그것은 하늘의 빛을 수용하고 그것을 반사한다.
인간이 가지고 있는 모든 지혜의 90%는

직분을 지키는 능력이다.
지혜의 첫 번째 핵심은 거짓을 분별하는 일이다.
두 번째는 진실한 것을 아는 일이다.

가장 현명한 자가 권위를 얻는다.
지혜는 재물보다 중요하다.
부유한 아버지에게서 많은 유산을 물려받은 자보다
유산을 거의 물려받지 못한 자가
진정으로 아버지의 덕을 보는 것이다.
현명한 사람은 언제나 자신보다 나은 사람과
함께 있기를 희망한다.
지혜는 경험에서 오는 것이 아니라
경험에 대해 명상하고
그것을 자기 것으로 흡수하는 데서 온다.
신체에 건강이 필요하듯 마음에는 지혜가 필요하다.

역경 속에 흔들리지 않는 정신
위대(偉大)함

모든 사람에게는 최고의 스승은 위인의 삶이다.
진정한 위인은 누구도 지배하려 하지 않으며
그 누구의 지배도 받지 않는다.
위대한 인물이란 성공한 인격을 갖춘 실존인물이다.
진정한 위대함이란 무엇보다도 마음의 일이다.
확고함과 관대함으로 활기가 넘치며 시대에 뒤지거나
앞서는 것도 아니다.
행할 수 있을 만큼 앞서 간다.
활동은 존재에 꼭 필요한 것이기에 멈출 수 없다.
저수지가 아니라 옹달샘인 것이다.

작은 불꽃에서 거대한 불길이 일 수 있다.
삶은 작은 일로 이루어진다.
한 번에 큰일을 할 수 있는 기회가 생기는 일은 아주 드물다.
진정한 위대함은 작은 일부터 위대하게 하는 데 있다.
누군가에게 조언 한다면 더 나은 친구들과 어울리라고 하고 싶다.
책과 삶에는 이것이 가장 유익한 사회관습이다.
위인이 되는 것도 중요하지만, 인간이 되는 것은 더더욱 훌륭하다.
인간보다 위대한 예술은 없다.

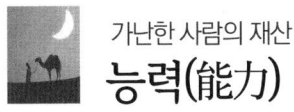

가난한 사람의 재산
능력(能力)

잔잔한 바다에서는 결코 노련한 뱃사공이 나올 수 없다.
진정한 능력은 실패하는 순간 발휘되는 법이다.
얄팍한 이해와 무식한 방법으로는 도리어 일을 망칠뿐이다.
능력 있는 사람에게는 기회는 끊이지 않는다.
진정한 능력을 원하는 사람이 많기 때문에
눈에 띌 수밖에 없는 것이다.
능력이 있다는 것만으로도 충분히 멋있다. 하지만 진정한 능력은
다른 사람의 능력을 알아보는 안목에서 나온다.
능력 있는 사람에게 필요한 것은 자신의 능력을 다루는 기술이다.

인간의 능력과 영혼이 모두 같을 수 없다.
올곧고 진지하면서 차분한 영혼을 가지고 있는 사람이라면
그의 능력은 건전하고 영롱하다.
반대로 영혼이 타락한 사람이라면
그의 모든 것은 혼탁하다.
인생의 목표는
자신의 능력을 발휘해 자아를 형성하는 것이다.
능력은 가난한 사람이 가진 최고의 재산이다.

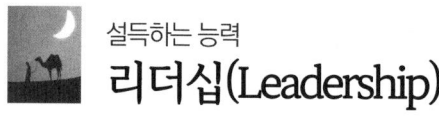

설득하는 능력
리더십(Leadership)

리더십의 본질은 인격이다.
리더십은 남들을 설득하여 실행되어야 한다고
확신하게 만드는 기술이다.
리더십은 남들로 하여금 그들이 원하지 않는 일도 하도록
설득하는 능력이다.
진정한 리더십이란, 리더의 보이지 않는 카리스마 즉
그를 따르는 신뢰와 경외에서 우러나오는 개인의 능력이다
진정한 리더는 언제나 열린 귀로 상대의 말을 듣고
머리보다는 가슴으로 말하는 사람이다.

지도자는 희망을 실어 나르는 사람이다.
위대한 지도자는 항상 그들의 효과를 배후에서 조종한다.
위대한 지도자는 책임지는 순간을 제외하고
자신의 추종자보다 자신을 높이지 않는다.
지도자에게는 두 가지 중요한 특성이 있다.
첫째, 목적지를 바로 알고
둘째, 자신과 함께 가자고 남들을 설득할 줄 안다.
진정한 지도자는 비범한 결단력을 갖춘
평범한 사람 중에서 나온다.

현명한 사람의 보물
판단력(判斷力)

지혜는 만인의 보물이지만 판단력은 현인(賢人)만의 보물이다.
분별력을 갖춘 건전한 판단이 최고의 현인을 만든다.
통계는 판단을 대신하지 않는다.
판단력을 갖춘 사람과 교제하라.
판단력은 대화에서 발견되는 것이며 그와의 교제를 통해
그의 판단력을 우리의 것으로 만들 수 있기 때문이다.
신중함은 동기의 완벽함이요.
삶은 모든 의무에 대한 우리의 지산이다.
이는 오직 건전한 의식과 이해력을 소유한 사람에게만 발견되는
것이다.
타인의 내면을 판단하려거든 자신의 내면부터 숙고하라.
일반적으로 사람들은 엇비슷하다.
사람을 판단하는 좋은 방법은
자신에게 도움이 되지 않는 사람을 보는 것이다.

인생의 나침반
목표(目標)

배가 떠날 때는 가야 할 항구가 있듯이
인생에서 무엇을 할 것인가를 결정해야 한다.
인생이란 낯선 곳에서 목표라는 나침반이 없다면
그대는 아무 데도 갈 수가 없다.
삶의 목표는 찾을 가치가 있는 유일한 행운이다.
이 세상에서 자신이 가장 절실하게 원하는 것이
무엇인지 깨닫고 그것을 이루기 위해 힘써라.
할 수 있는 일과 해야 할 일을 정하라.
그러면 길을 찾을 것이다.
원하는 것을 정할 때가 삶에서 가장 중요한 결정을 내리는 순간이다.
그러기 위해서는 원하는 것이 무엇인지부터 알아야 한다.
만일 가고자 하는 곳을 모른다면,
어느 길을 택하든 성공할 수 없다.

인생은 쓰고자 했던 이야기를 쓰거나
또 다른 이야기를 쓰기도 하는 일기와 같다.
인생에서 가장 겸허할 수 있는 시간은 이루겠다고
맹세했던 것과 자신이 쓴 일기를 비교할 때다.
삶은 그 누구에게도 평탄한 길을 허락하지 않는다.

더욱이 삶에서 가장 험난한 길은 목표를 향해 올라가는 이의
발걸음을 재촉한다.
넘어지는 것은 부끄러운 일이 아니다.
가난한 집에 태어난 것 또한 부끄러운 일이 아니다.
성공하고자 노력하지 않는 일이야말로
부끄러운 일이다.
더 나은 것을 바라지 않는 것 또한 부끄러운 일이 아닐 수 없다.
꿈꾸며 기원하지 않는 일이야말로 부끄러운 일이다.

가치 있는 목표를 결정하고 계획을 세웠으면 몰입하라.
한 번에 한 가지 일에만 최선을 다하라.
동시에 여러 가지 일에 최선을 다하려고 하면
그 어느 것도 최선을 다하기 어렵다.
어떠한 여건 속에서도 한 눈 팔지 말라.
강한 정신이 뜻하는 바를 이루는 지금길이다.
확고한 각오로 나아가면 간절히 원하는 바를 이루리라.

저 멀리 햇살 아래 내 꿈이 있다.
그곳에 닿지 못할 수도 있지만 나는 그곳을 향해갈 수 있고
그곳의 아름다움을 볼 수 있다.

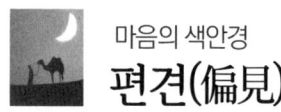

마음의 색안경
편견(偏見)

편견은 무지(無知)의 아들이다.
판단이 약할 때 무지가 강하다.
선입견(先入見)은 먼저 들은 말로 잘못된 견해가 굳어진 것이다.
언제나 한 가지 주제만 연구하는 사람은 세상의 모든 일을
색안경을 끼고 볼 것이다.
편견은 우리가 싫어하는
사람들의 그릇된 원칙이다.
모든 사람들은 자신의 경험 안에 갇혀있는 죄수다.
아무도 편견을 제거할 수 없다.
다만 인식할 뿐이다.

세상에서 가장 드문 것은 아마도 편견 없는 사람일 것이다.
나는 편견을 가지지 않는 것에 가장 큰 가치를 부여한다.
편견은 안개다.
우리가 여행하는 중에 만나는 그 안개는 종종 가장 밝은 것을
어둡게 만들고,
길에서 만나는 모든 좋은 것들과 영예로운 대상들을 가려버린다.

고통을 이겨내는 용기
책임(責任)

위대함의 대가는 의무이다.
개인의 진정한 자유는
언제나 그 자신의 행복과 안전을 위해
말 해야하는 책임의 양으로 측정될 수 있다.
한 사람이 의무가 주어진 것을 느끼는 순간.
그 의무에 구속시키는 것은
책임감을 정당화하는 고결함의 일부이다.
100명의 평균적인 사업가들 중 99명이 성공하지 못하는
한 가지 이유가 있다.
그것은 그들이 의무의 대가를 치르지 않으려고 하기 때문이다.
여기서 의무의 대가는
왕성하고 지속적인 일,
결정을 내리고 고통을 견디기 위한 용기,
결코 자신을 속이지 않는 정직함을 갈고 닦는 것이다.
당신은 무거운 짐을 지고 지도력을 향해 가고 있다.

지혜로운 보석
평화(平和)

평화는 땅에게 젖을 먹이는 어머니이다.
평화는 외부의 어떤 것이 아니라 마음 안에 머무르는 것이다.
우리의 의지가 확고하고 충실하다면 우리는 극심한 고통 가운데서도
그것을 지킬 것이다.
이생에서의 평화는 고통을 면제받는 것이 아닌
고통을 감수하는 것에서 비롯된다.
평화는 전쟁의 부재가 아니다.
그것은 미덕이고 마음의 상태이며
관용과 신뢰와 정의를 추구하는 기질이다.
오직 잔잔한 물에서만이 사물은 일그러지지 않고
그대로 비춰진다.
오직 평화로운 마음만이 세상을 충분히 이해할 수 있다.
마음의 평온은 지혜의 아름다운 보석 중 하나다.
그것은 자기 통제를 위해 오랜 시간 인내심을 갖고 노력한 결과다.
왕이든 농부이든 간에 가정에서 행복을 느낄 수 있는 사람이야말로
세상에서 가장 행복한 사람이다.

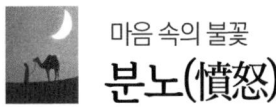

마음 속의 불꽃
분노(憤怒)

분노는 영혼의 한 가지 힘이다.
분노가 없는 사람은 정상적인 사람이 아니다.
분노는 시를 짓게 하고, 누구에게나 무기를 준다.
분노하는 사람이 피에 굶주리면 모든 것이 그에게 무기가 된다.
분노는 부서지기 쉬운 얼음처럼 시간이 흐르면 사라진다.

마음 속이 불타면 입으로 불꽃이 튀어 나온다.
눈은 비밀을 분명히 드러낸다.
아름다운 눈은 침묵을 웅변으로
친절한 눈은 대립을 합의로
성낸 눈은 아름다움을 추구함으로 만든다.

네가 선행을 하면 사람들의 감사는 깃털보다 가볍지만,
네가 잘못을 하면 사람들의 분노가 납처럼 무겁다.
인내와 겸손이 있는 곳에는 분노도 고뇌도 없다.
한때의 분노를 참아라.
백일의 걱정거리를 면할 것이다.
군자는 남이 자기를 알아주지 않아도 화내지 않는다.

 먹구름 속에 숨어 있는 태양
불행(不幸)

하늘이 도덕을 일깨우기 위해
우리에게 불행을 보낸다.
가장 큰 불행은 불행을 참을 수 없다는 것이다.
불행은 항상 불행을 맞이하는 열린 문으로 찾아오므로
불행이 닥칠 때는 항상 잊지 말고 자신을 돌아볼 것이며
그 불행을 뒤엎을 수 있는 힘이 무엇인지
자신에게 물어 보아라.

우리는 자신의 불행과 타인의 불행을 통해 얻는 바가 있다.
자신의 불행을 통해 더 많이 얻는다 하더라도
자신의 불행이 더 고통스럽기 마련이다.
그러니 타인의 불행으로 눈을 돌리는 게 낫다.
현명한 사람은 남들의 불행에서
자신이 피해야하는 것을 깨닫는다.
행운에서 불행까지는 고작 한걸음이면 닿지만
불행에서 행운까지는 아주 먼 길이다
불행은 인간을 거대한 사막을 지난 신의 소리를 퍼지게 하는
영혼으로 만든다.

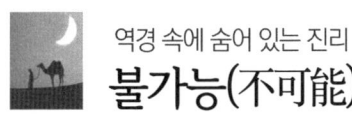

역경 속에 숨어 있는 진리
불가능(不可能)

지혜가 없이는 정의가 불가능하다.
모든 것은 불가능하다고 증명될 때까지는 가능하다.
그 불가능이라는 것도 현재로서 그렇다는 뜻이다.
일이 끝나기 전까지는 결코 불가능 한 것이라고 여기지 말라.
불가능한 것을 제외시키면 남는 것은 아무리 개연성이 적어도
진실일 수밖에 없다.

신앙은 불가능한 것의 실현을 비논리적으로 믿는 것이다.
나는 세상의 불가능한 일에 신중함을 동원하라고 배웠다.
어떤 일이 발생했을 때 놀라지 않는 것은 그 일이 일어나기 전에는
불가능이 없다고 여겼기 때문이다.

불가능은 없다.
모든 것을 이끄는 수단뿐이다.
우리에게 충분한 의지가 있다면
우리는 항상 충분한 수단을 갖게 될 것이다.
불가능하다고 말하는 것은 그저 변명일 뿐이다.

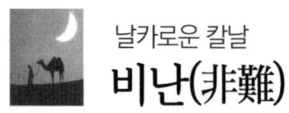
날카로운 칼날
비난(非難)

명성을 얻는 사람에게도 비난은 세금처럼 뒤따른다.
다른 사람을 손가락질할 때 다섯 손가락 중
세 손가락은 자신을 향한다.
타인을 비난하는 것은 사실 간접적으로
자신의 잘난 점을 드러내려고 하는 것과 같고,
상대방보다 자신이 현명하고 우월하다는 것을
은근히 보여주려는 것이다.
그리고 비난하는 것에 맛들이기 시작하면 자신의 존재는
점점 더 추해질 수밖에 없다는 것을 알아야 한다.

자기 집 대문 앞이 지저분한데 옆집 지붕 위의
눈에 대해서 비난하지 말라.
인간은 자신을 제외하고 모든 사람을 비난하는 경향이 있다.
비난하기 이전에 이해하려고 노력하라.
비난은 한 번에 세 사람에게 상처를 준다.
비난하는 사람, 비난을 전하는 사람, 비난을 듣는 사람이다.
이 중에서 가장 심하게 상처를 입는 사람은
비난을 하는 사람이다.

비난에 배어 있는 사람은
날카로운 칼을 쥐고 있는 사람이다.
칼에 아픔을 당한 사람들은 그와 함께 하지 않으려 할 것이다.
남을 흠집 내기 위해서,
혹은 괜한 이유로 다른 사람을 비난해서는 안 된다.
칼과 드라이버가 연장 역할을 제대로 해야 하듯이
비평도 남에게 교훈(教訓)과 영감(靈感)을 줄 수 있어야한다.

비난의 회초리는 더 나은 미래를 위해
적절하게 사용되어야 한다.
죄를 지은 사람에게 벌을 주기 위한 회초리가 아닌
땅에 묻힌 보석을 발견하기 위한 회초리가 되어야 한다.
그리고 박수갈채를 받는 것보다 비난을 피하는 것이 더 어렵다.
박수는 평생 훌륭하고 지혜로운 행동만 하면 얼마든지 받을 수 있다.
하지만 비난을 받지 않으려면 평생 악독하거나 어리석은 행동을
하지 말아야 할 뿐 아니라,
아무런 말도 해서는 안 된다는 것을 명심해야 한다.
행복은 누구를 칭찬할 때 함께 기뻐하는 마음이다.

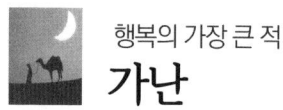

행복의 가장 큰 적
가난

가난은 절제의 어머니이다.
가난의 옷을 입어본 사람만이 그 옷의 무게를 안다.
가난과 싸워본 적이 있는 사람은 가난해지는 것이 얼마나 소중한 지를 안다.
가난은 종종 인간의 영광과 미덕을 빼앗아 간다.
베푸는 것이 기쁨을 알기 위해서는 가난해져야 한다.
그러나 젊은이에게 일어나는 가장 좋은 일에서 열 번 중
아홉 번은 배 밖으로 던져지고 가라앉거나
수영하도록 강요하는 것이다.
젊은이에게 다가오는 많은 이점들 가운데 가장 중요한 것이 가난이다.

가난은 불편하다.
가난은 행복의 큰 적이다
그것은 분명히 자유를 박탈하고 미덕의 실천을 막으며
그 외의 다른 일을 아주 어렵게 만든다.
가난 자체가 수치스러운 것이 아니라 단 게으름, 방종, 사치
그리고 어리석음에서 비롯된 가난은 수치스러운 것이다.

가난은 사람을 겸손하게 만들기도 하지만
사악하게 만드는 경우가 많다.
가난이 범죄의 어머니라면 어리석음은 범죄의 아버지이다.
가난은 예술의 원천이고 시인에게 무한한 영감을 준다.
물질적 가난은 없애기가 쉽지만 영혼의 가난은 없앨 수가 없다.

마음의 가시덤불
근심

세상은 선인장으로 가득하다.
하지만 우리가 그 위에 앉아 있을 필요는 없다.
강이 조용하다고 악어가 떠난 것은 아니다.
세상은 가시와 엉겅퀴로 가득하다.
모든 것은 당신이 그것들을 어떻게 잡느냐에 달려있다.
고통이 당신을 두 번 방문하지 않으려면
당장 그것이 가르치는 삶의 가치를 들어라.

현명한 사람은 어떤 목적이 있을 때만
자신의 근심에 대해 생각한다.
그리고 평소에는 다른 것들에 대해 생각한다.
걱정에 가장 좋은 치료약은, 그 걱정이 평온해 지도록
갈 데까지 가도록 내버려두는 것이다.
고뇌에 차 있으면서도 흔들리지 않는 것은
위대한 인물의 증언이다
과거의 고생을 상기하는 일은 즐거운 일이다.

눈물의 소리 없는 말
슬픔

슬픔은 격정 속의 고요함이다.
슬픔은 우리를 지혜롭게 만들며, 진실을 보여 준다.
눈물은 슬픔의 소리 없는 말이다.
사랑의 기쁨은 한 순간에 불과하고
사랑의 슬픔은 평생 계속된다
기쁨은 구두쇠일지 모르지만
슬픔의 지갑은 누구에게나 열려 있다.

슬픔에서 벗어나고 싶으면
앞으로 일어날 일을 이미 일어난 것처럼 여겨라.
비참할 때 과거의 행복했던 시절을 회상하는 것보다
더 큰 슬픔은 없다.
슬픔에 잠긴 아름다움이
가장 큰 감명을 주는 아름다움이라는 것도
기억해야 한다.

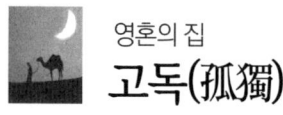

영혼의 집
고독(孤獨)

사람은 외롭다.
이 세상에 외롭지 않은 사람은 아무도 없다
다리(橋) 대신 벽을 쌓기 때문이다.
고독은 외모의 달콤한 부재(不在)이다.
고독은 모든 위대한 정신의 운명이다.
때로는 그것을 한탄하지만
그것은 두 자기 불행 중에 덜 무거운 것이다.
위대한 정신은 독수리와 같아서 높은 고독 속에 둥지를 튼다.
우리는 고독하다.
다만 고독하지 않는 듯이 스스로 속이고
그렇게 행동할 뿐이다.
음악은 인간의 고독을 확인하기 위해 발명된 것이다.

태양의 빛이 강할수록 그림자가 진하듯이
겉모습이 화려한 사람일수록 내면의 그림자가 짙다.
그래서 은막의 스타들이 쓸쓸한 노후를 보내는 경우가 많다
이 세상에서 세상의 여론에 따라 사는 것은 쉬운 일이다.
고독 속에서 자기 자신의 견해에 따라 사는 것은 쉬운 일이다.
그러나 위대한 자는 세상의 한 가운데에서

고독의 독립이 주는 완전한 달콤함을 유지한 사람이다.
나는 집에 의자가 세 개 있었는데
하나는 고독을 위해,
두 번째는 우정을 위해,
세 번째는 교제를 위한 것이다.

가을바람에 아무리 시를 읊어도 세상에는 알아주는 사람이 없다
내 마음은 쓸쓸한 산에서 사냥하는 외로운 사냥꾼이다.
진정한 자유는 고독 속에서 자라며 고독은 영혼의 집이다.

 악행의 어머니
돈

돈은 양반이다.
돈이 말을 하면, 진실은 침묵한다.
돈은 바닷물 같아서 삼키면 삼킬수록 갈증만 더한다.
돈을 벌 수 있는 능력은 하느님이 주신 선물이다.
돈을 버는 것은 바늘로 땅을 파는 것과 같지만
돈을 쓰는 것은 모래에 스미는 물과 같다.
돈을 두 배로 불리는 가장 좋은 방법은
돈을 반으로 접어서 주머니에 넣는 것이다.
돈에 대한 사랑은 모든 악행의 어머니다.

돈은 인격이다.
가난이 있는 곳에 돈은 느리게 온다.
고생해서 돈을 벌어야만 돈의 가치를 배울 수 있다.
누구나 농담하는 사람을 좋아하지만,
아무도 그에게 돈을 빌려주지는 않는다.
돈은 동전으로 주조된 자유다.
자유를 뺏긴 사람에게 돈은 자유보다 열배 더 소중하다.
돈은 인간의 영혼에게 더할 나위 없는 독이다.
돈은 독약보다 더 많은 살인을 한다.
삶에서 세 가지 충실한 친구는 늙은 아내, 늙은 개, 그리고 현금이다.

개같이 벌어서 정승같이 쓴다.
돈만 있으면 귀신도 부릴 수 있다.
지갑 속의 돈 한 푼이 왕궁에 있는 친구보다 낫다.
주머니에 돈이 있는데도 교수형을 당할 사람은 없다.
아비가 누더기를 걸치면 자식은 모르는 척하지만
아비가 돈주머니를 차고 있으면 효자다.
오늘날에는 오로지 돈만이 위력을 발휘한다.
그것은 명예와 친구를 얻는다.
가난한 사람들은 어디서나 기가 죽어있다.

돈은 섹스와 똑같다.
없을 땐 그 밖의 것이 아무것도 생각나지 않지만
있을 땐 다른 것이 생각난다.
돈은 똥과 같아서 널리 뿌리면 거름이 되지만
한 군데 쌓아두면 악취가 코를 찌른다.
돈이 삶의 목적이 되면 노예처럼 돈에 종속된다.
돈에 종속되거나 노예가 되지 않으려면 가진 돈에 자족하라.

부자가 가져다주는 가장 큰 만족은
살아있을 때 다른 사람을 돕는 것이다.

마음의 고요함
평정

깊은 바다는 파도가 없으며 늘 고요하고 잔잔하다.
마음의 평정도 마찬가지로 고요함을 유지하는 것이다.
평정은 무감각하거나, 냉정한 마음 상태가 아니며
마음이 텅 비어있는 상태도 아니다.
평정이란 단지 입을 닫고 침묵하고 있는 것이 아니라
마음이 들뜨지 않고 태도에 여유가 있는 것이다.
날마다 끊임없이 떠들어대거나
전쟁터에서 격렬하게 싸우거나
바쁜 일로 부지런히 움직이더라도
평정이 깨지는 것은 아니다.
왜냐하면 마음이 가라앉아 있기 때문이다.

반대로 조그마한 일에도 마음이 안정을 잃거나 어지러워지면
단정히 앉아 침묵하고 있다 하더라도 평정한 상태가 아니다.
진정한 평정이란 마음이 맑은 가운데
생생한 움직임이 들어차 있는 상태를 말하는 것이다.
평정을 잃지 않는 사람은 마음이 큰 사람이다.
왜냐하면 모든 큰 것은 잘 움직이지 않기 때문이다.
평정한 사람은 중심이 있는 사람이다.

마음에 고요한 평정을 유지하라.
원망이나 분노가 치밀어 오를 때,
변명이나 주장을 하고 싶을 때,
기쁨이나 놀람으로 마음이 흔들릴 때,
평정을 유지하기란 결코 쉽지가 않다.
삶에는 곳곳에 고통이란 지뢰가 숨어 있다.
욕망, 증오, 자만, 잘못된 견해가 고통이란 지뢰의 뇌관이다.
뇌관을 제거하면 폭발하지 않는 지뢰처럼,
이것들을 제거하면 삶은 한결 편안해질 것이다.
구겨진 종이에 그림을 그릴 수 없듯이
마음이 평정해야 일에 대하여 예리하게 판단할 수가 있다.
그대의 마음 상태가 평정을 유지할수록
행복하고 즐거운 삶을 누릴 가능성은 더욱 커진다.

인생의 가시밭
고통(苦痛)

고통 받고 인내하는 것은 인류의 운명이다.
우리의 진정한 축복은 가끔 고통·손실·실망의 형태로 나타난다.
그러나 인내를 가져라.
곧 그것의 본래의 형태를 볼 수 있을 것이다.
피할 수 없는 고통은 배워야 한다.
우리의 인생은 세상의 조화처럼 정반대의 것들로 구성되어 있다.
한 부분의 다른 부분과 마찬가지로 필수적이다.

고통은 사람을 생각하게 만들고,
생각은 사람을 지혜롭게 만들며,
지혜는 인생을 견딜만한 것으로 만든다.

세상은 고통으로 가득 차 있지만
그 고통의 극복 열쇠로도 가득 차 있다.
세상은 티끌도 아니고 고통의 바다도 아닌데,
사람들이 자기 마음을 티끌과 고통의 바다로 만들 따름이다.
세상의 고통의 절반은 무지에서
나머지 절반은 지식에서 온다.
속세에 있으면서 속세를 초월한다는데

욕망을 따르는 것도 고통이고
욕망을 끊는 것도 역시 고통이다.
이것은 우리가 수양을 스스로 잘 하는데 달려 있다.

마음이 물들지 않고 집착이 없으면
속세도 신선의 세계이고
마음이 구애받고 탐닉하면
낙원도 고통의 바다가 된다.

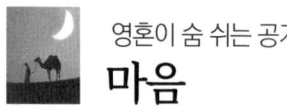
영혼이 숨 쉬는 공기
마음

마음은 하루라도 선(善)을 생각하지 않으면 악(惡)이 침입한다.
마음의 수양에는 욕심을 줄이는 것이 가장 좋다.
마음 바탕이 밝으면 캄캄한 방에도 푸른 하늘이 있고,
마음속이 어두우면 밝은 대낮에도 도깨비가 나온다.

마음은 영혼이 숨 쉬는 공기다.
마음은 지능보다 더 지혜롭다.
마음은 두뇌가 전혀 모르는 눈들이 있다
마음에서 나오는 것은 마음에서 간다.

위대한 사랑은 마음에서 나온다.
예의 근본은 마음을 따르는 것이다.
얼굴은 마음의 거울이고 눈은 마음의 비밀을 말없이 고백한다.

사람의 마음은 그의 왕국이고 의지는 그의 법이다.
만족은 마음의 재산이고 그것을 얻는 사람은 행복하다.
내가 즐겨 찾아가는 신전(神殿)은 겸손한 마음이다.

노동은 선한 마음을, 안일은 교만한 마음을 낳는다.

사람의 마음이 언제나 진실하면 서리가 내리게 할 수 있고
성벽을 무너뜨릴 수도, 쇠를 뚫을 수도 있다.
냉정한 심정으로 감정을 처리하고, 이치를 생각해야 한다.
그리고 내 마음에 푸른 큰 나무를 품고 있다면
노래하는 새들이 내게 올 것이다.

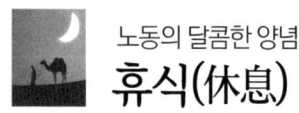
노동의 달콤한 양념
휴식(休息)

휴식이 없는 인생은 숨이 차서 멀리 가지 못한다.
인생의 현장은 쉬지 말고 길을 가라고 재촉하지만
멈추어 쉬는 시간이 필요하다.
쉬지 않는 인생은 주막에 들르지 않는 긴 여행만큼 피곤하여
정력을 소진하고 일할 의욕을 소진한다.

휴식은 좋은 약이다.
소화불량에 걸린 사람들이여!
당신의 위를 쉬게 하라.
피곤하고 걱정스러운 사업가들이여!
당신의 뇌를 쉬게 하라.
노동의 아들인 사람들이여!
당신의 팔 다리를 쉬게 하라.

휴식은 노동의 달콤한 양념이다
수면은 건강과 우리의 몸을 함께 묶는 황금쇠사슬이다.
우리가 잠을 자지만 인생은 절대 멈추지 않는다.
태양이 질 때의 모습은 다음 날 태양이 뜰 때의 모습과 같다.

마음이 쉬게 하는 것도 연습이 필요하다.
바쁜 일상 속에서 한 번쯤 일의 공백상태를 만들어보라.
줄기차게 앞으로 나아가는 걸음을 한 번씩 정지하고
가만히 자신의 내면을 들여다보라.
마음을 쉬게 하는 연습이 쌓이다보면 삶에 여유가 생긴다.
마음에 여유가 생기면 세상이 달리 보인다.
가던 길을 잠시 멈추고
인생이라는 식탁에 둘러앉아 이야기를 나눌 시간을 가져라.

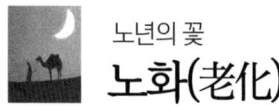

노년의 꽃
노화(老化)

백발이 지혜를 낳는 것은 아니다.
자기가 늙었다는 것을 스스로 인정한 사람은 지혜로운 사람이다.
이것이야말로 살아가면서 가장 어려운 것이기 때문이다.
나이 드는 것의 즐거움을 아는 사람은
분명히 젊은 시절 작은 기쁨에도 만족했을 것이다.
노인이 되면 자신이 남에게 베푼 것을 떠올리며,
위안과 만족을 얻는다.
늙어서 검소하게 살고 싶다면 단순한 생활 습관을 길러야한다.
노년기는 등산과 같다.
높이 오를수록 더욱 거칠고 숨이 가쁘지만 시야는 더욱 뚜렷해진다.

노년기는 모든 불행의 항구다.
노년기는 죽음에 포위된 섬이다.
노년기는 우리의 얼굴보다도 정신에 더 많은 주름살을 만든다.
노년기는 아름다운 모습을 모두 빼앗기는 육체의 적이다.
인생의 황혼기는 저물어가는 계절처럼 화창하면서 슬프다.
재산도 늘어나고 점점 더 성숙해 지겠지만
여전히 정력적일 수 없으며 열정은 시들어간다.
마음이 고요하고 만족한 상태의 사람은

나이의 중압감을 거의 느끼지 않지만
그렇지 않는 사람은 젊음도 노년기도 똑같이 무거운 짊이 된다.

단지 해가 지난다고 나이를 먹는 것은 아니다.
이상을 포기하는 것만이 인생을 늙게 한다.
해가 갈수록 얼굴에는 주름살이 생긴다.
또한 열정을 포기하면 영혼에 구김이 간다.
위대한 일생이란 노년기에 실현된 젊은 날의 꿈이다.

제3부

관용

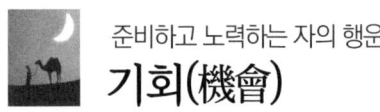
준비하고 노력하는 자의 행운
기회(機會)

사람은 누구나 원하는 만큼 위대해질 수 있는
공정한 기회를 갖는다.
기회를 이용하지 못한 사람에게 기회란 실재하지 않는 것으로
시간을 죽이고 부화하지 않는 달걀일 뿐이다.
누구에게나 기회가 오지만 극소수의 사람만이 그것을 잡을 줄 안다.

기회는 모든 노력의 최고 사령관이다.
기회는 모든 것을 지배한다
기회는 준비된 자에게만 찾아온다.
기회는 자기를 돌보지 않는 사람은 결코 돌보지 않는다.
기회는 대개 현명한 사람만 돕는다.
기회는 자기가 비켜가는 사람을 언젠가 다시 찾아 올 것이다.
기회는 모든 노력을 기울이는 훌륭한 선장이다.

운(運)이란 기회를 알아채는 감각이며, 그것을 이용한 능력이다
누구에게나 불운이 있을 수 있지만
누구에게나 기회 또한 있기 마련이다.
불운이 닥쳐도 미소를 지을 수 있고,
주어진 기회를 놓치지 않는 사람은 결국 성공을 이룬다.

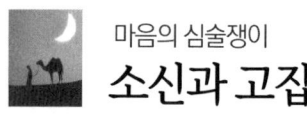
마음의 심술쟁이
소신과 고집

소신이 확고하다는 것은
변하지 않는다는 것이 아니라
어느 특정 단계에서 흔들림이 없다는 뜻이다.
고집쟁이는 어리석은 이와 다를 바가 없다.
고집은 정신의 불필요한 종양이며
사물을 올바로 이끌지 못하는 열정의 산물이다.
어떤 일에서도 지나친 확신은 금물이다.
어리석은 자는 늘 지나친 확신에 사로잡힌다.
판단이 그를수록 고집은 커진다.

완고함은 진리를 보여주는 것이 아니라
성격의 조잡함을 보이는 것이다.
확고함은 의지에 속하지,
분별력에 속하는 것이 아니다.
고집을 펴서 얻을 수 있는 것보다
고집을 부려 잃는 것이 더 많은 법이다.
설득시키기 불가능한 돌 같은 사람이 되어서는 안 된다.
행동에서는 고집이 아닌 통찰에 근거해야 한다.

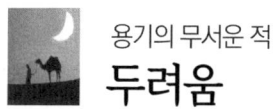

용기의 무서운 적
두려움

용기의 가장 무서운 적은 두려움 자체이다.
용기는 두려움이 없는 것이 아니라
두려움에 저항하고 그것을 극복하는 것이다.

두려움은 잔인성의 어머니다.
두려움은 언제나 무지에서 나온다.
두려움이 있는 곳에 행복은 없다.
두려움은 모든 미덕의 장애물이다.
두려움은 사랑보다 강하다.

죽음에 대한 두려움보다 삶에 대한 두려움이 더 비열하다.
욕심이 많으면 정의를,
근심이 많으면 지혜를,
두려움이 많으면 용기를 해친다.
위대한 철학은
결함이 있는 철학이 아니라, 두려움을 모르는 철학이다.

뿌리가 깊은 나무
믿음

인생을 두려워하지 말라.
인생을 믿는 것이야말로 삶의 참된 가치다
믿음은 열망에서 나온다.
열망은 삶의 목적에서 나온다.
믿음이 있는 사람은
자신의 능력 밖의 일도 할 수 있다고 믿는다.
그렇다고 미생지신(尾生之信)처럼은 믿지 마라.
미생의 믿음은 너무도 융통성이 없고 고지식하다.

믿음은 꿈을 현실로 만든다. 그리고
인간의 존엄성은 철저히 믿음에 기초한다.
모든 것을 불신한 자는 아무것도 이룰 수 없다.
절대로, 절대로, 절대로 포기하지 말라.
그것이 위대하건 미미하건, 크건 작건 간에 아무것도
포기해서는 안 된다.
명예나 보상으로 양심의 가책을 받게 되는 경우를 제외하고는
결코 포기하지 말라.

뿌리 깊은 믿음은 인간을 현혹시킬 뿐만 아니라
의심의 여지를 남기지 않는다는 것을 알아야 한다.
인간의 힘은 눈에 보이지 않는 믿음에 기인(起因)한다.
그리고 믿는 자는 강하며 의심하는 자는 약하다.
강한 확신은 위대한 행동을 초월한다.

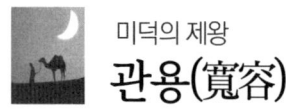

미덕의 제왕
관용(寬容)

관용은 정신의 가장 큰 재능이다.
참된 관용은 법으로 지우는 의무처럼
반드시 필요한 것이다.
관용은 네가 베풀 수 있는 것보다 더 주는 것이고
만족은 내가 필요한 것보다 덜 갖는 것이다.
모든 미덕중에서도 관용이 가장 귀한 것이다.
타인의 넓은 아량을 기꺼이 인정할 수 있는 사람의 미덕은
백 명의 사람이 본받을 만한 일이다.

현명한 사람도 많다
교활한 사람은 더 많다
관대한 사람은 극히 드물다.
사는 동안에 베푸는 관용과
임종 무렵에 베푸는 관용은 사뭇 다르다.
전자는 순수한 너그러움과 선의에서 비롯되지만
후자는 자만이나 불안 혹은 저승에 아무것도 가지고
갈 수 없다는 진리에서 비롯된다.

넓은 마음과 강한 정신 그리고 관대함,

이 모두를 갖추는 것은
실로 위대한 삶을 사는 것이다.
만약 숭고한 관용과 따뜻한 인정으로 가득하다면
이 세상에서 성과를 올리는 일은 어렵지 않다.
우리가 이 세상에 존재하는 이유는
자신의 삶에서 할 수 있는 모든 것을 얻기
위함이 아니라, 다른 이들의 삶을 더 행복하게 해주기 위함이다.

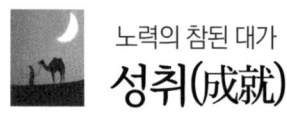

노력의 참된 대가
성취(成就)

사회에 쓸모 있는 것만이 가치 있는 성취다.
가치 있는 것은 단숨에,
그리고 손쉽게 생기는 것이 아니다.
목표를 달성하도록 결심하고,
그것을 이루었을 때 비로소 생겨난다.
인생에 있어서의 비즈니스(경영)란
다른 사람이 아닌 자기 앞을 앞지르는 것이다.
즉 자진이 세운 기록을 갱신하고, 어제보다 나은 오늘을 살아가고
전보다 더 힘차게 일하는 것이다.

확신한 목표를 세워라.
그리고 그 일을 잘 해내는 것이야말로 진실로
가치 있는 인생을 만드는 길임을 깨달아야 한다.
사다리의 지지대는 발을 대고 쉬라는 것이 아니다.
더 높은 곳에 올라가지 위해 발을 디디는 부분일 뿐이다.
손을 펴보라.
손은 일하고, 친구를 사귀고, 인생의 최고의 것을 얻는 도구이다.
두 손을 활짝 펴라.
그러면 목표를 달성할 수 있는 길이 열린다.

인내의 고결함
힘

인간의 모든 힘은 시간과 인내의 혼합물이다.
위대한 자는 힘이 있지만 남용하지 않는 사람이다.
힘의 대가는 공익에 대한 책임이다.
진정한 힘은 풍부하고 다양하다.
그것은 번개처럼 한정된 것이 아니라 빛처럼 광범위하다.

어떤 한 분야에서 노력해 진정으로 뛰어나게 된 자는
환경이 변하더라도, 다른 분야에서 뛰어난 능력을 발휘한다.
힘은 견실하고 완전한 것이다.
고결함의 가장 중요한 증거는
무한한 힘을 남용하지 않고 처리하는 것이다.

약자의 길에 놓인 돌덩어리는 걸림돌이지만,
강자의 길에 놓인 돌덩어리는
디딤돌이 된다.

운명의 열쇠
성격(性格)

성격은 사람을 인도하는 운명이다.
인간은 누구나 한 권의 책처럼
저 마다의 인생을 살아간다.
하루하루를 성실하게 살아가면 저절로 성격이 만들어진다.
성격을 판단하는 것은
황금을 골라내는 것보다 중요하다.
아침 일찍 일어나 열심히 일하며, 꼼꼼한데다가 신중하고
정직하기까지 한사람은 자신의 운을 두고 불평하지 않는다.
좋은 성격과 좋은 생활습관은
악운도 물리치는 천하무적의 무기다.

재능은 평온한 와중에도 키워나갈 수 있다.
그렇지만 성격은 급류와도 같은 갖은 고난 속에서 만들어진다.
성격이 좋은 사람은 인류가 매일 저지른 죄에 대해
사죄할 준비가 되어 있다.
이런 사람은 용서 받지 못할 죄를 저지르지 않으려고
매사에 신중하다.
성격만 봐도 믿음직스러운 사람이 있다.
그런 사람은 존재 자체만으로 믿음을 준다.

사람들은 다른 어떤 보증보다도
그 사람이 주는 믿음을 신뢰 한다.
한마디로 성격은 곧 신용이다.
명성은 얻는 것이고, 성격은 부여받는 것이다.
이러한 진실을 깨달아야만 비로소 인생을 안다고 말할 수 있다.

부끄러운 양심
수치(羞恥)

수치는 오만의 겉옷이다.
가난은 수치가 아니지만 가난을 부끄러워하는 것은 수치다.
수치심을 버리면 짐승이 되고, 수치심이 없으면 양심도 없다.

가장 비열한 자들도 명성은 좋아한다.
그리고 범죄를 서슴지 않는 자들도 수치 앞에서는 몸을 사린다.

우리는 악인을 보고는 결코 놀라지 않는다.
그러나 그들이 부끄러워하지 않는 것을 보고는 의문을 품는다.
친구에게 속는 것보다 친구를 불신하는 것이 더 수치스럽다.

맹자는 다섯 가지 불효에 대해서
 "게으름 때문에, 도박과 술 때문에, 재산과 처자에 대한 애착 때문에
  부모를 돌보지 않는 것, 쾌락과 방탕으로 부모를 욕되게 하는 것
  싸움을 일삼아 부모를 불안하게 만드는 것이다."
라고 말했다.

영혼의 비옥함
예술(藝術)

모든 예술은 자연의 모방이다.
자연은 신의 계시(啓示)이고
예술은 인간의 계시다.
인생의 비밀은 예술에 있다.
우리가 체험할 수 있는 가장 아름다운 것과 신비한 것은
참된 예술과 과학의 요람 앞에서 느끼는 근본적 감동이다.
모든 예술은 모순을 다루고 단순한 것을 추구하며
훌륭한 예술은 진리를 말한다.
위대한 예술은 영원 속에서 정지한 순간에 있다.

인생은 짧고 예술은 길다.
예술은 길고 세월은 빠르며
심장의 고동소리는 무덤으로 가는 장송곡이다.
예술은 영혼을 비옥하게 만들기 때문에 필요한 것이다.
예술은 사랑의 공범자며, 사랑을 없애면 더 이상 예술도 없다.
근면이 없는 삶은 죄악이고, 예술이 없는 근면은 야만이다.
아름다움을 사랑하는 것은 취향이고
그것을 만들어 내는 것은 예술이다.

마음의 재산
만족(滿足)

참된 겸손은 만족하는 것이다.
가장 고귀한 정신이 최고의 만족을 얻는다.

만족한 줄 아는 사람은 마음이 부자(富者)다.
만족은 마음의 재산이고, 그것을 얻는 사람은 행복하다.
만족은 재산을 늘리는데 있지 않고, 욕망을 줄이는 데 있다.
가장 큰 재산은 가진 것이 적어고, 만족하며 사는 것이다.
세상에서 가장 위대한 것은 스스로 만족할 줄 아는 것이다.
만족스러운 인생을 위한 9가지 조건은 다음과 같다.

첫째, 즐겁게 일할 수 있는 건강한 몸
둘째, 욕구를 충족시킬 수 있을 만큼의 부(富)
셋째, 난관을 극복할 수 있는 힘
넷째, 죄를 고백하고 용서를 구할 수 있는 인격
다섯째, 선을 달성할 때까지 노고를 기다리는 인내
여섯째, 다른 사람의 장점을 수용하는 관대함
일곱째, 세상에 쓸모 있는 사람이 되고자하는 박애정신(博愛情神)
여덟째, 신에 대한 진실한 신앙
아홉째, 다가올 미래의 근심을 물리칠 수 있는 긍정적인 마음가짐

순교한 희망
명예(名譽)

명예는 미덕의 보상이다.
명예가 없는 곳에는 비탄도 없다.
명예를 잃은 사람은 더 이상 잃을 것이 하나도 없다.
명예는 그림자라서 그것을 추구하는 사람을 피하고
거절하는 사람을 따라 다닌다.
명예로운 죽음은 수치스러운 삶보다 낫다.
명예는 위대한 인물의 목적이 아니라 그 행동의 결과이다.

지위가 사람을 명예롭게 하는 것이 아니라,
사람이 지위를 명예롭게 해야 한다.
사람에게는 최대의 노력을 끌어내는 두 가지 방법이 있다.
처벌에 대한 두려움과 보상에 대한 희망이 바로 그것이다.
어느 쪽도 존재 하지 않는다면 사람은 훈련받고자 하거나
일을 잘 해내고자 희망할 수 없다.

이 세상을 명예롭게 살 수 있는 가장 빠르고 확실한 방법은
실제로 명예로운 것처럼 사는 것이다.
모든 인간의 덕행은 실천하고 행함으로써 커지고 강해진다.
명예로운 사람과 어울리고 싶다면 스스로 명예로운 사람이 되어라

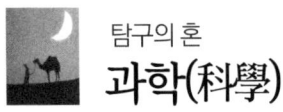
탐구의 혼
과학(科學)

과학은 신(神)이 일하는 것을 관찰하는 것이다.
과학에서 모든 위대한 발전은 상상력의 새로운 무모함에서 나온다.
과학보다 예술이 신에게 가깝다
과학은 발견하지만 예술은 창조한다.
과학은 그것을 배우는 사람을 위해
시(詩)는 그것을 아는 사람을 위해 있다.
돌무더기가 집이 아닌 것처럼
사실을 모아 놓은 것은 과학이 아니다.
모든 예술이 음악의 상태를 바라보듯
모든 과학은 수학의 상태를 바라본다.
우리는 많은 것을 토마스 에디슨에게 빚지고 있다.
우리가 그를 만나지 못했다면
우리는 촛불아래서 TV를 보았을 것이다.

오늘날 세상에서 가장 유명한 자수성가한 사람은
바로 토마스 에디슨이다.
에디슨과 이야기를 나눠보라
에디슨 자신의 성공이 독서에서 비롯됐다고 말할 것이다.
에디슨은 기분의 축척이 아닌 지식의 축척을 위해 독서를 했다.

벌이 꽃에서 꿀을 빨 듯 그는 간절하게 책에서 꿀을 빨아드렸다.
말하자면, 전 세계가 그의 정신에 지혜를 쏟아 넣었다.

에디슨에게 지식은 힘이었다.
과학자들은 흔히 신을 믿는다.
더 깊이 조사하고 정확한 정보를 입증할 수 있도록
그들은 모든 것의 신비에 더욱 감탄하게 된다.

인생의 불로초
일

일은 영혼의 약(藥)이다.
가장 바쁜 자가 가장 행복한 자다.
어떤 예술이나 직업에서 탁월함은 열심히 끈기 있게
일하는 것에서만 얻을 수 있다.
절대로 스스로 완벽하다고 생각하지 마라.
몇 년에 걸쳐 노력했을지라도 스스로 완벽함에 도달했다고
생각할 때 쇠퇴는 시작된다.
인생이 주는 최고의 상은 단연코 열심히 일할 수 있는
기회와 가치 있는 일을 하는 것이다.
결국 하루의 정직한 일, 정직한 결심, 하루의 관대한 발언, 그리고
하루의 선행 말고 인간의 문제를 위한 해결은 없다.

일은 진정한 불로장생(不老長生)의 약이다.
신은 노동의 대가로 우리에게 모든 것을 판다.
일로 성공한 자가 황금을 차지한다.
일은 세상에 가장 위대한 것이다.
그러므로 우리는 항상 내일을 위해 일의 일부를 아껴두어야 한다.
인간은 일로써 스스로를 자신의 운명에 적합하도록 만든다.
일이 즐거울 때 인생은 즐겁다.
일이 의무일 때 인생은 예속 된다.

일은 축복이다.
일은 사람을 사람답게 하는 힘이다.
누구나 머리나 손을 이용해서 일을 해야 한다.
일을 하지 않으면 정신적 혼수상태에 빠진다.
일할 때 사람은 생명력, 건강, 기쁨을 얻는다.
인격의 수양에 있어서 일은 최고의 스승이다.
당신이 즐기는 일을 하는 것은
당신이 무슨 일을 하느냐보다 훨씬 중요하다.
당신이 함께 일하는 사람들을 좋아하라.
당신이 일하는 곳을 좋아하라.
그러면 당신은 행복한 사람이다.
어떤 것을 성취했다는 깨달음을 제외한 행복은 없다.

진정한 장인의 눈에는
돈으로는 살 수 없는 빛이 있다.
이 세상에는 행복의 나라가 없다.
오직 고생의 나라만 있을 뿐이다.
그리고 우리에게 오는 모든 기쁨은 단지 성공에 필요한
더 큰 노동을 위해 우리를 강하게 만드는 것이다.

행복의 씨앗
선(善)

이 세상은 선한 사람에게는 따뜻한 곳이다.
선행의 기쁨을 배워라.
선한 마음씨보다 귀한 것은 없다.
그러나 선한 마음씨를 가졌다고 일컬어지는 사람은
일반적으로 유순하거나 약한 사람뿐이다.
선행은 저절로 행복이 된다.
선행에 따른 달콤한 보답과 비교할 수 있는 보답은 없다.

선의 가장 중요한 본질은 착하게 되려는 의지에 있다.
남을 해칠 줄 모르는 것은 착한 사람의 증거이다.
그러나 기념비를 보고 죽은 자를 판단하지 마라.
무심한 석관(石棺)은 악인과 선인을 가리지 않고
모든 석관을 가릴 수 있다.
끈기 있는 선행의 성품은
하늘이 주신 매우 귀한 선물 중 하나다.
선행을 행하기 위해 특별한 때를 기다리지 마라.
평범한 일상에서 선행을 행하도록 노력하라.
물위를 걷는 것은 하루 아침에 이루어지지 않는다.

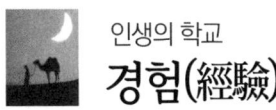

인생의 학교
경험(經驗)

경험은 지혜의 아버지이고
기억은 지혜의 어머니다.
경험은 생각의 산물이고
생각은 행동의 산물이다.
우리는 책에서 모든 인간의 삶을 배울 수 없다.
경험은 좋은 학교지만 그 수업료가 비싸다.

강물은 거슬러 헤엄치는 사람은
물살이 얼마나 센지 안다.
좁은 연못에 사는 개구리에게
바다를 이야기할 수 없고
한 철을 사는 매미에게
차가운 얼음을 이야기할 수 없다
역사를 통해 어떤 교훈을 배울 수 있는가를 인식해야 한다.
열정과 환락은 판단을 흐리게 한다.
그러나 경험은 등 뒤에서 불빛을 비추는 손전등 역할을 한다.
보석처럼 귀중한 경험은
종종 엄청난 보상을 안겨주기도 한다.
나의 발길을 인도하는 등불은 오직 하나, 경험의 등불이다.

희망의 불꽃
자신감(自信感)

희망은 마치 독수리의 눈빛과도 같다.
항상 닿을 수 없을 정도로 아득히 먼 곳만 바라보고 있기 때문이다.
진정한 희망이란 바로 나를 신뢰하는 것이다.
행운은 거울속의 나를 바라볼 수 있을 만큼 용기가 있는 사람을 따른다.
자신감을 잃어버리지 마라.
자신을 존중할 줄 아는 사람만이 다른 사람을 존중할 수 있다.
자신감은 성공으로 이끄는 제1의 비결이다.

세상에 대한 자신감을 가지고 역경과 맞서 싸워야만 한다.
어떤 고난이라고 반드시 끝이 있기 마련이다.
진정한 자신감은 언제나 행동하며 동요하지 말아라.
스스로가 할 수 없다고 생각하고 있는 동안은
그것을 하기 싫다고 다짐하고 있는 것이다.
그러므로 그것은 실행되지 않는다.
자신이 없으면 태도만이라도 자신이 있는 사람처럼
목소리는 크고 정확하게,
눈에 힘을 주고 시선은 상대의 얼굴을 향하라!
태도가 신념을 부르고 신념이 사람을 설득한다.

누구나 과오를 저질러 가면서
여러 가지 일을 터득해 나가는 법이다.
과오가 많을수록 그 사람은 이전보다 나아진다.
그만큼 새로운 경험을 많이 해보았기 때문이다.
한 번도 실수가 없었던 사람
그것도 큰 잘못을 저질러보지 못한 사람을
최상급의 직책으로 승진시키는 따위의 일은 없어야 한다.
왜냐하면 그 사람은 대부분 무사안일주의로
지내온 사람이기 때문이다.
과오를 두려워말고 새로운 일에 도전해보자.
부단히 도전해 보자.

두려움의 해독제
지식(知識)

지식은 갈망의 눈이요, 영혼의 지도자가 될 수 있다.
지식은 보물 상자지만 그것을 여는 열쇠는 연습이다.
지식과 용기는 돌아가며 위대함을 생산한다.
지혜는 영원한 것에 대한 이지적인 이해에 속하며
지식은 일시적인 것에 대한 이성적인 학식에 속한다.

모든 것을 아는 것은 그다지 중요하지 않다.
모든 것의 정확한 가치를 아는 것,
우리가 배우는 것을 올바로 이해하는 것,
그리고 우리가 아는 것을 활용하는 것이 더 중요하다.

지식에 투자하면 이윤이 높다.
지식이 계속 쌓이고 쌓이면 큰 이자가 붙어 되돌아온다.
인생에서 필요하고, 가능하고, 간절한 활동은 지식의 획득이다.
지식이 있어야 재치 있는 언변과 고상한 행동이 나온다.
지식을 쌓아놓지 않으면 매력 없는 인간이 된다.
지식은 나이가 들었을 때 휴식처가 되고 도피처가 된다.
지식은 회중시계처럼 살짝 호주머니에 넣어두면 된다.
내보여 자랑하고 싶어서 호주머니에서 꺼내 보이거나,
일부러 시간을 가르쳐주거나 할 필요는 없다.

시간을 묻는 사람이 있으면 그때만 대답하면 된다.

인생은 평생 우화(寓話)를 듣고 자란다.
그리고 그것은 지나간 일에 대해
무언가를 안다는 믿음으로 남겨진다.
그러나 사실 눈앞에서 지나간 일이 아닌 이상
아무것도 알지 못한다.

돈이 없어서 가난한 것보다 더 큰 가난은 알지 못함의 가난이다.
사람들은 아름다운 것, 선, 영광들을 알지 못한 채
세상을 돌아다닌다.
이들은 영혼이 가난한 자들이다.
가난한 영혼으로 고통받느니 텅 빈 지갑을 택하는 편이 더 낫다.

인간은 자신의 깊이를 잴 수 없다.
자신의 이미지는 자신이 획득한 지식의 정도로
발견되는 것이 아니라
자신이 묻는 물음으로 깨닫게 되는 것이다.
지식은 항상 열려 있는 눈과 부지런한 손에 의해 생겨난다.
따라서 힘이 없는 지식이란 없다.

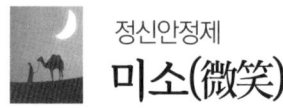
정신안정제
미소(微笑)

웃음은 인생의 약이다.
좋은 웃음은 집안의 햇살이다.
아름다운 의복보다 웃는 얼굴이 훨씬 인상적이다.
기분 나쁜 일이 있더라도 웃음으로 넘겨보라.
찡그린 얼굴 펴기만 해도 마음이 한결 편해질 것이다.
웃는 얼굴은 좋은 화장(化粧)일 뿐 아니라
피의 순환을 좋게 하는 효과가 있다.

웃음은 아무런 부작용 없는 정신안정제이다.
고난에 닥쳐 웃는 법을 배우지 않으면
늙어서 웃을 일이 없게 된다.
할 수 있는 한 항상 웃어라.
그것은 가장 돈이 들지 않는 행복한 약이다.
우리는 행복하기 때문에 웃는 것이 아니고
웃기 때문에 행복하다.

웃음은 마음의 치료제일 뿐만 아니라
몸의 미용제이다.
당신은 웃을 때 가장 아름답다.

일상 속에서 가장 헛되게 보낸 날은 웃지 않았던 날이다.
하루의 생활을 다음과 같은 일로 시작하는 것은
무엇보다도 좋은 일이다.
즉 눈을 떴을 때, 오늘 단 한 사람에게도 좋으니
그가 기뻐할 수 있는 일을 할 수 없을까 생각하는 것이다.
웃으며 보낸 시간은 신들과 함께 지낸 시간이다.

정직한 노동자는 즐거운 얼굴을 지닌다.
미소 지을 수 있는 사람은 남의 마음을 끌고
남을 유쾌하게 하고 남을 즐겁게 할 수 있다.
선행이란 남의 얼굴에 미소를 짓게 하는 일이다.
하루에 열 다섯 번 이상 웃는 사람은 의사를 멀리 할 수 있다
또 하루 세 번만 크게 웃으면
아침 조깅 한 것과 같은 효과가 있다고 한다.
그뿐 아니라 웃음은 위산이 많이 나오는 것을 방지함으로써
위산과다의 예방과 치료에도 한 몫을 한다.

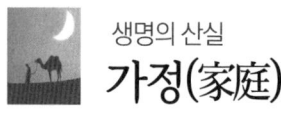

생명의 산실
가정(家庭)

가정은 나의 대지이다
나는 거기서 나의 정신적 영양을 섭취하고 있다.
이 세상의 여러 가지 기쁨이 있지만
그 가운데 가장 빛나는 기쁨은 가정의 웃음이다.
좋은 집을 지으려하기보다 좋은 가정을 이루어라.
구중궁궐 호화주택을 짓고도 다투는 사람이 있는가 하면
오막살이 안에 웃음과 노래가 가득한 집이 있다.
가정을 행복하게 만드는 것은 건물이나 가구에 있지 않고
오직 마음에 있고 정신에 있다.
왕이거나 일개 농부이거나
가정이 평화로운 사람이 가장 행복한 사람이다.
부부가 서로 사랑한다면 자녀들은 안정감과 편안함을 느낀다.
가정은 생명의 산실이며 행복의 원천이다.

가정은 인격을 단련시키는 최초의 학교다.
나무가 자랄수록 나무껍질에 새겨진 글자가 켜지고 넓어지듯이,
유년시절(幼年時節) 마음 속에 새겨진 생각들의 영향력이 확대된다.
어릴 적 마음속에 심어진 생각은 땅에 떨어진 씨앗과 같아서

한동안 보이지 않지만 서서히 싹을 틔워 표출 된다.
좋은 가정이야말로 최초의 학교이다.
사랑이 넘치는 가정,
그 자체보다 위대한 교사는 없다.

가정의 화목을 이루는 지혜를 발휘하라.
가족의 의미는 단순한 사랑이 아니라
힘과 정신적인 안정감의 원천이다.
몸이 아프거나, 남으로부터 상처를 받거나, 어려운 일이 닥치면
가족이 커다란 울타리가 되고 용기의 샘물이 된다.
가정이야말로 고달픈 인생의 안식처이다.

행복한 보금자리는 그저 되는 것이 아니라
가족구성원들이 만들어가는 것이다.
오늘이 지나면 못 볼 사람처럼 가족을 대하라.
신은 도처에 가 있을 수 없기 때문에 어머니를 만들었다.

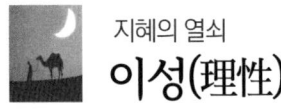

지혜의 열쇠
이성(理性)

이성은 하늘이 내려준 최상의 선물이다.
인간의 의지는 이성이 좌우한다.
이성이 지배하지 않으면 아무것도 지속될 수 없다.
우리는 알기 때문에 행동하지 않는다.
그러나 우리는 행동하도록 요청받기 때문에 안다.
실천하는 이성은 모든 이성의 근원이다.
인간의 이성과 동물의 본능 사이의 차이는 동물은 자기가 행동한다는 것을 알지 못한 채 행동하지만, 인간은 자기가 안다는 사실을 아는 것이다.

자신의 이성을 쓸모없게 만드는 사람은 오직 자신의 열정만 사용할 수 있다.
훌륭한 감각과 훌륭한 본성은 절대 분리되지 않는다.
훌륭한 본성은 올바른 이성의 산물이다.
이성적으로 생각하지 않으려는 사람은 고집쟁이다.
이성적으로 생각하지 못한 사람은 바보다.
그리고 이성적으로 생각할 용기가 없는 사람은 노예다.
지혜로운 사람의 가장 중요한 일은 항상 이성의 지배를 받기 때문에 그는 운명의 간섭을 받는 일이 없다.

미덕의 씨앗
베풂

모든 미덕 중에 아낌없이 주는 마음이 가장 소중한 것이다.
주는 것이 없으면 얻는 것도 없다. 많이 베풀어라.
그러면 똑같이 얻을 것이다.
받기만 하는 자에게는 명예가 주어지지 않는다.
명예는 베푸는 자에게 주어진 보상이다.
인도 속담에 "모든 것을 주는 사람은 모든 것을 얻지만,
아무것도 주지 않는 사람은 아무것도 얻지 못한다"고 했다.

고통과 슬픔은 나눠라.
불행은 홀로 서 있는 사람에게는 두배로 다가오기 때문이다.
생각만으로는 아낌없이 줄 수 없다. 베푸는 행위의 거룩한 사명을 다하고
생산적일 수 있기 위해서는 강건해 지고 적극적이어야 하며,
미치지 못한 부분이 없어야한다.
아낌없이 주는 행위는 생각이 아닌 마음에서 나오는 것이다.
또한 사람을 평가할 때 그 사람의 행동을 보고 판단하는 것 보다는
정확한 평가방법이 있다면, 그것은 분명 그 사람이 무언가 베푸는 것을
보고 판단하는 것일 테다.
누군가를 의지하는 대신 남에게 베풀 수 있음을 신에게 감사하라.

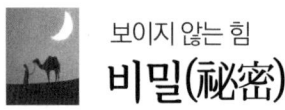
보이지 않는 힘
비밀(祕密)

그대 자신에 대해 말하지 말라.
그대가 자신에 대해 입을 열 때 마다
사람들은 그대의 마음 속을 들여다 본다.
자신을 알게는 하지만 자신을 헤아릴 수 없게 하라.
눈과 비 그리고 사람은 멀리서 보아야 아름답다.
눈과 비는 창을 통해서 바라볼 땐 그지없이 아름답지만
가까이 다가서가 보면 흙탕물로 변하는 모습을 보게 된다.
사람도 마찬가지로 자세히 알면 알수록 실망하기 쉽다.
자신을 드러내면 드러낼수록 남들에게 바칠 세금은 커진다.
자신의 지식과 능력을 전부다 헤아릴 수 없게 하라.
지식과 능력의 한계를 알게 하면 실망시킬 위험이 있다.
추측하게 하는 것이 더 큰 존경심을 불러일으킨다.

비밀은 감추고 있는 칼과 같아서 힘이 있다.
하지만 비밀이 노출되는 순간 힘을 상실한다.
비밀이 없는 마음은 개봉된 편지와 같다.
모든 것을 다 얘기하는 것과 정직하다는 것은 다르다.
비밀을 간직한다고 해서 정직하지 못하는 것은 아니다.

여행의 도착지
죽음

인생은 단 한 번뿐인 긴 여행이다.
삶이 경이로운 것은 그 의미를 깨달았을 때이다.
언젠가는 죽는다는 사실을 받아들일 때,
삶이 얼마나 의미가 있는지를 깨닫게 된다.
삶의 유한함에 대하여 깊이 깨달으면 깨달을수록
살아있음에 소중함과 기쁨은 더욱 커질 것이다.
인생이란 하루하루가 모여서 이루어지는 만큼
그 하루하루를 의미 있게 사는 것이 인생을 잘 사는 것이다.
그대에게 살(生) 날이 딱 하루밖에 남지 않았다면
그 마지막 날이 얼마나 소중하다는 걸 깨닫게 될 것이다.
하루하루를 생의 마지막 날처럼 살아라.
오늘이 마지막 하루라고 여기고
열심히 후회 없는 삶을 영위하라.

인생이란 모래시계의 모래처럼
끊임없이 빠져나가고 있다.
그러다 언젠가는 마지막 모래알이 떨어지는 것처럼
인생의 마지막을 맞이하게 된다.
인생의 시계는 단 한 번만 멈춘다.

죽음은 불가항력의 방문이요, 필연의 손짓이다.
죽음은 마치 빚쟁이처럼 우리를 기다리고 있다.
인생의 유랑을 모두 마칠 때
지나온 이야기들은 어둡고 고요한 무덤 속에 묻는다.
살아 있을 때 보람 있게 사는 것이
진정한 행복이다.

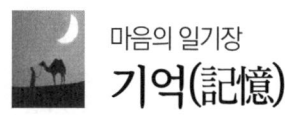
마음의 일기장
기억(記憶)

기억은 모든 지혜의 어머니다.
기억은 모든 것의 보물 창고이며 보호자다.
기억력은 모든 능력 가운데 가장 예민하고 약하다.
기억은 우리가 지니고 다니는 일기장 같은 것이다,

가장 위대한 인물이란
사람들이 호의적으로 가장 자주 기억해 주는 사람이다.
거짓말한 다음에는 기억력이 필요하다.
부자든 가난한 사람이든 사람이 진짜 소유할 수 있는 것은
자신의 기억이다.
삶은 모두 기억되지만, 행복한 순간은 너무나 빨리 자나가 버려
그것을 좇아가야 한다.
남에게 베푼 혜택은 결코 기억하지 말고
자기가 받은 혜택은 결코 잊지 마라.
내가 남에게 베푼 공덕은 기억하지 말고,
남에게 저지른 잘못은 반드시 기억하라.

사랑하는 사람이여!
내가 죽었을 때 원한다면 나를 기억하고
또 원한다면 잊어버려라.

제4부

정의

 인생의 수수께끼
삶

삶은 미완성 교향곡이다.
인생은 너무 짧기에 사소하게 살 수 없다.
하루하루는 작은 삶이며 우리의 삶 전체도 반복되는 하루일뿐이다.
하루하루를 마지막인 것처럼 살라.
감히 하루를 잃은 자는 위험이 따른 정도로 방탕한 사람이다.
살아가는 동안 힘껏 행복하게 살자.
한 순간도 헛되이 보내지 말며
할 수 있는 한 최대로 유익하게 시간을 활용하자.

남을 경멸하거나 멸시하지 말자.
삶을 깊이 파고들수록 지금의 삶이 전부가 아님을 더욱 확신하게 된다.
하루를 내일이 필요 없는 벌레 같은 삶으로 완성할 수도 있다.
신을 믿고, 무한한 삶의 힘을 느껴본 자라면 그렇게 완성하지 않는다.

삶은 우리가 저마다 씨를 뿌리고,
우리에게 인격과 명성을 주는 것이다.
비옥한 땅에 심은 친절, 온정, 인간의 이해심이라는 씨앗은
식지 않는 우정과 가치 있는 훌륭한 행위
그리고 이내 희미해지지 않는 기억 안에서 싹이 튼다.

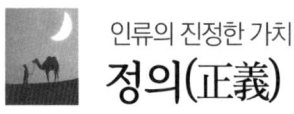

인류의 진정한 가치
정의(正義)

정의는 양심이다.
개인의 양심이 아닌 전체 인류의 양심이다.
자신에게 있는 양심의 소리를 분명하게 인식한 사람은 정의의 소리
또한 인식할 수 있다.
정의는 세상의 지킴이다.
그러나 세상이 죄를 범하면서 정의는 세상의 과오를 지키게 되었다.
정의는 우리 삶에 대한 보험이요, 복종은 우리가 지불해야 할 보험료다
우리가 정의를 지키지 않는다면 정의 또한 우리를 지켜주지 않을 것이다.
정의의 목적은 모두를 공평하게 다루는 것이다.

정의는 정직한 마음이다.
이것에 의해 사람은 자신에게 직면한 상황에서 해야 할 일을 한다.
정의는 모든 미덕 가운데 제일가는 것이다. 그것의 뒷받침이 없다면
용기는 아무쓸모가 없고 모든 사람이 정의롭다면 용기는 불필요하다.
정의를 알고 실천하지 않는 것은 용기가 없기 때문이다.

군자(君子)는 정의에 따라 소인(小人)은 눈앞의 이익에 따라 움직인다.
군자는 이익의 기회가 생기면 그것을 얻는 것이 옳은지 정의를 생각하고,
나라가 위태로우면 목숨을 바치며 아무리 오래된 약속도 지킨다.

군주가 현명하면 신하들이 사리사욕을 버리고 공정과 정의를 실천하지만,
군주가 어리석으면 그들은 공정과 정의를 버리고 사리사욕을 채운다.

정의가 없는 나라는 아무리 커도 망하고 선한 의지가 없는 사람은
아무리 용감해도 몸을 상하고 만다.
정의가 없다면 국가는 도둑놈 소굴에 불가하다.

정의는 지구상의 모든 이들의 최대 관심사다.
이는 문명인과 문명국을 함께 묶어주는 단단한 끈이다.
인간이 자신만을 위해 혼자서만 살아간다면 하찮은 존재에 불과하다.
그러나 사랑과 정의 규율을 외친다면 신과 같은 존재이다.
참된 교육의 목적은 올바른 사람이 되게 하는 것만 아니라,
모든 힘을 다해 정의를 추구하게 만드는 것이다.

성공의 지름길
실패(失敗)

실패하지 않는 인생은 없다.
실패했다고 실망하지 말라.
실패도 유익한 경험이 될 수 있다.
누구나 갈등과 비애를 느낀다.
심지어 위인도 마찬가지다.
신은 장래가 유망한 사람에게 더 많은 시련을 내린다.
실패를 경험하면 매사에 진실을 갈구하게 되며 실수에 민감해진다.
어떤 면에서 볼 때 실패는 성공으로 가는 지름길이다.
고난에 맞서 싸우지 말고, 고난을 포용하는 사람이야말로
인생의 묘미를 아는 사람이다.

실패는 인간을 생각하게 만들고
생각은 인간을 지혜롭게 만든다.
성공은 대개 실패라는 시행착오(試行錯誤)에서 온다.
실패를 두려워하면 행동에 제약이 따른다.
실패란 다시금 도전하라는 메시지이다.
명예로운 실패는 이따금 성공으로 인정받기도 한다.
인간은 살아가면서 진실과 자신의 무지함을 깨닫는다.
위대한 영광이란 실패를 극복하고 다시 일어나는 순간에
얻을 수 있는 것이다.

인생의 재료
시간(時間)

인생은 시간이 모인 것이다.
시간의 낭비보다 더 큰 범죄는 없다.
시간의 낭비를 가장 슬퍼하는 사람이
가장 지혜롭다.
인생을 사랑한다면 시간을 낭비하지 말아라.
시간이 삶을 지배한다.
시간은 인생을 구성하는 중요한 재료이다.
삶을 이루고 있는 것이 바로 시간이기 때문이다.
나이를 먹을수록 주어진 삶의 시간은 계속해서 줄어들고
이에 반비례하여 시간의 가치는 점점 더 높아진다.

모든 사람은 시간 앞에 평등하다
시간은 인간에게 공평하게 주어진 자본금이다.
이 자본금을 잘 활용한 사람에게는 승리가 있다.
하루하루의 시간은 하늘이 공평하게 내리는 선물이지만
그 하루의 주인은 각자 자신이다.
친구가 그대에게 돈을 꾸어달라고 하면 주저하겠지만
놀러가자면 보다 쉽게 응할 수 있을 것이다.
돈보다는 시간을 빌려주는 편은 아주 관대해진다.

돈을 아끼듯 시간을 아끼면 많은 일을 할 수 있다.
시간의 가치를 깨달으면 행동이 신속해 진다.
적절한 시간 활용은 자기 수양이며 자기발전이다.

시간은 모든 슬픔을 치유하는 의사(醫師)다.
시간엄수는 의무이며 필수이다.
시간엄수는 당대의 시간을 존중하는 것이다.
시간약속은 일종의 계약이므로 지키지 않으면 신뢰가 깨진다.
시간을 지키지 않는 사람에게 중요한 일을 맡기지 마라.
시간은 인간의 부모이자 무덤이고 주고 싶은 상대에게는 주지만
갈망하는 사람에게는 주지 않는다.
시간은 진실을 드러낸다.
역사는 인간의 기억 위에 시간이 쓴 전설의 시(詩)다.
우리가 무엇인가 이루려고 노력을 해야만
헛된 삶을 살지 않는다고 말할 수 있고
시간의 모래위에 흔적을 남길 수 있다.
우리는 시간의 모래 위에 작은 발자국을 남기고 이승을 떠난다.

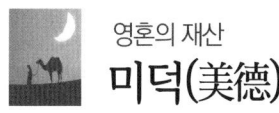

영혼의 재산
미덕(美德)

미덕은 삶의 조화다
미덕은 세상에서 가장 즐겁고 귀중한 재산이다.
미덕이 영혼의 아름다움인 것처럼
아름다움은 육체의 미덕이다.
미덕에는 일정한 스승이 없고, 선(善)한 것이 곧 스승이다.
덕불고필유린(德不孤必有隣)
덕을 갖추면 외톨이가 되지 않고 반드시 이웃을 얻는다.

명예는 미덕의 보상이다.
영광은 그림자처럼 미덕을 따른다.
겸손은 모든 미덕의 기초이다.
중용은 가장 큰 미덕이다.
정의는 결백 안에서 기뻐하는 미덕이다.
인내는 무거운 짐을 지고 걸어가는 당나귀의 미덕이다.
절제는 모든 미덕의 진주목걸이를 꿰는 비단 끈이다.
그리고
감사는 가장 큰 미덕일 뿐만 아니라 모든 미덕의 어버이다.

인생의 좋은 벗
책(冊)

좋은 책은 인생을 담고 있는 최고의 상자다.
그 속에는 삶을 살아가며 떠올릴 수 있는 생각들이 담겨있다.
인간에게 영감을 주는 것은 오직 책뿐이다.
책은 훌륭한 인물들에게 안내한다.
훌륭한 인물들은 죽어도 결코 사라지지 않는다.
책은 살아있는 목소리며 걸어 다니는 정신이다.
그들의 정신은 책 속에 담겨 사방으로 퍼져나간다.

책은 좋은 벗이다.
좋은 책은 사고와 포부를 키워줌으로써
나쁜 벗과 어울리는 것을 막아주는 울타리 역할을 한다.
책은 휴대 가능한 널찍한 정원이다.
집에 도서관을 만드는 것은 집에 영혼을 부여하는 것이다.
책은 좋은 자극제이다.
마음에 깊은 인상을 남긴 책은
종종 자신의 인생에 전기를 마련한다.

책은 인간이 만들어낸 가장 위대한 창작물이다.
책만큼 지속적으로 창조된 것도 없다.

우리가 먼저 씨를 뿌리지 않고
눈물로 밭이랑에 물을 주지 않고서는
잘 여문 황금빛 이삭을 거둘 수 없다.
우리는 이 신비로운 세계를 아무런 대가 없이는 얻을 수 없다.
삶의 들판은 올곧게 영근 열매이든지 가시든 꽃이든지
우리가 뿌린 대로 거둘 수 있다는 것을 명심해야 한다.

삶의 윤활유
유머(Hunmour)

좋은 유머는 사람들 앞에서 입을 수 있는
훌륭한 예복이다.
유머 감각은 '삶이란 엔진의 기름'이다.
기름이 없다면 기계는 삐걱거리게 된다.
좋은 유머는 몸과 마음에 좋은 술이요.
걱정과 우울증에 좋은 해독제이며, 사업의 자산이다.
그리고 친구를 사로잡고 유지시켜주며, 인간의 부담을 덜어준다.
즉 평온과 만족에 이르는 지름길이다.

유머 감각은 재능이다.
유머는 개방적이고 유연한 내면에서 배어 나와
사고의 창의성과 유연성을 보여 주어야 한다.
자연스런 유머를 구사하는 사람은
품위와 관대함과 여유를 느끼게 한다.
유머 감각이 있는 사람은 자신을 주목하게 만든다.
유머를 발휘하여 온화함을 보이면 사랑을 받는다.
유머는 타인을 기쁘게 하기 위해서 사용하고
마음을 상하게 하기 위해서는 사용하지 말라.

언제나 농담을 일삼지는 말라.
지나치게 유머를 구사하면 경박해 보일 수가 있다.
유머는 어디까지나 양념이 되어야 한다.
한 사람의 지성은 진지함에서 드러나며,
진지함을 재치보다 많은 영예를 가져온다.
농담을 지껄이는 사람은 진지한 일에는 적합지 않으며
거짓말쟁이와 같은 취급을 받는다.
분별없는 농담을 많이 하면 진지하게 말을 할 때도 믿지 않는다.

삶은 우리가 생각했던 것보다 즐겁다.
인간은 신랄함과 빈정거림의 차이를 구분해야 한다.
확실히 인간은 풍자적 지질을 타고났다.
남들이 자신의 기지를 두려워하는 것처럼 자신도 남들의
기억을 두려워해야 한다.
유머는 피를 맑게 하여 몸을 젊고 생기 넘치게 하며
근무 태도에도 활기를 준다.
건강과 영원한 삶의 기쁨을 위하여 자신에게 신랄함을 주고
언제까지 유머감각을 잃지 말라.
유머는 고요함 속에서 생각해 내는 감동적인 혼동이다.
좋은 유머는 빈정대는 야유의 화살을 막는 최고의 방패다.

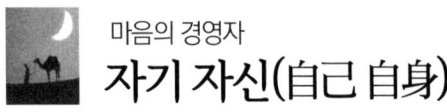

마음의 경영자
자기 자신(自己 自身)

인생에서 가장 어려운 것은
자기 자신을 아는 것이다.
편견을 자기에게만 유리하게 받아들이지 않도록
자신을 엄격하게 바라보는 사람은 거의 없다.
타인의 시각으로 자신을 볼 수 있는 힘은
신이 주신 귀한 선물이다.
정직한 자만과 자존심은 있을 수 있다.
자신으로 살아라.
위대함을 흉내 내지 말라.
가장 자기다운 모습으로 기꺼이 받아들여져라.
사람이 자기 자신을 초월하고자 노력하는 것은 필연적이다.
이 일은 살아있는 한 계속 되어야한다.

자신의 지배자가 아닌 사람은 결코 자유롭지 않다.
인간의 가장 친한 친구는 그의 열손가락이다.
자기 자신을 아는 사람들은 더 이상 바보가 아니다.
그 사람은 지혜의 문 입구에 서 있다.
인간의 진정한 힘과 부의 소유권은 그 자신에게 있다.
그 거처나 근무지, 혹은 대인관계 속에 있는 것이 아니라
그 자신의 본질적인 성격 안에 있다.

자신의 일보다 큰사람은 냉정을 유지한다.
그는 화나는 것을 가라앉히기 위해 흥분하지 않고 동요하는 것을
거부 한다.
다른 사람을 통제하는 사람은 자신을 통제할 수 있어야한다.
극도로 지친 상황 속에서 침착함과 용기를 드러내는 사람에게는
감탄할 만하고 용기를 주며 흥분시키는 어떤 것이 있다.
온화한 성격은 단지 사업만을 위한 것이 아니다.
그것은 건강의 비결이기도 하다.
더 오래 살면 살수록 난잡한 기질은 육신을 병들게 한다는 것을
배우게 될 것이다.

사람에게 가장 중요한 것은
자기 자신을 위해 무엇을 하느냐이다.
내가 다른 사람에게 어떤 존재인가보다는
나 자신에게 어떤 존재인가가 더 중요하다.
자신의 내면에서 군림하고 자신의 열정과 욕망,
두려움을 지배하는 자는 왕보다 위대하다.
남을 이기는 자는 강하다.
그러나 지신을 이기는 자는 전능이다.

희망의 열차
미래(未來)

현명한 자와 용감한 자는
자신을 밟고 지나갈 미래의 열차를 기다리며
역사의 시련에 굴복하지 않는 사람들이다.
그들은 내일에 의존하지 않는 자만이
내일을 활기차게 맞이할 수 있다고 말한다.
미래에 대한 기대는 인간의 본성을 향상시킨다.
지금 이 순간에 전념한다면 삶은 결코 헛되거나 짧지 않은 것이다.

프랑스의 마샬 라오테 총독은 어느 날 정원사에게 나무를 심으라고 명했다.
"정원사는 나무의 성장이 늦고, 다 자라려면 100년 이상이 걸릴 것이다."
라고 반대했다. 그러자 마샬 라오테 총독이 대답했다.
"그렇다면 더더욱 허비할 시간이 없다. 오늘 오후에 나무를 심어라."
위대한 생각은 위대한 역사를 만든다.

지나간 과거를 슬퍼하지 말라.
과거는 두 번 다시 돌아오지 않는다.
현명하게 현재를 즐겨라.
지금이 너의 것이다.
두려움을 떨치고 씩씩하게 미래를 향해 앞으로 나아가라.

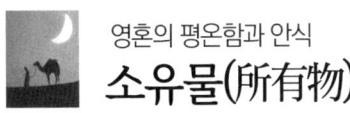

영혼의 평온함과 안식
소유물(所有物)

가장 값진 소유물은
분배하여도 줄어들지 않는 것이다.
다시 말해 나누었을 때 증가하는 것이다.
그와 달리 궁색한 소유물은 나누었을 때 줄어드는 것이다.
한 사람이 정직하게 획득한 것은
그의 완전한 소유다.
그가 남에게 주는 것은 자유지만 그의 동의 없이
그것을 가져갈 수는 없다.

사람은 무엇이든지
나중에 회상해봐야 알 수 있는 훌륭함을
자기 손에 있는 동안에는 알지 못한다.
사람은 소유하기 위해 태어났다.
그들은 자신의 모든 소유물에 생명을 불어넣는다.
그런데 그렇지 못한 사람도 있다.
그들의 소유물은 품위가 없고
그들의 인격을 손상시키는 것처럼 보인다.
그들은 자기 몫을 훔친 것처럼 보인다.
진정한 소유는 영혼의 평온함과 안식에 있다.

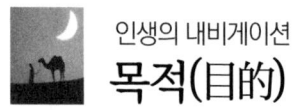

인생의 내비게이션
목적(目的)

목적은 인생에 의미를 주는 것이다.
인생의 목적은 믿고 희망하고 노력하는 것이다.
목적이 없는 인간은 키 없는 배와 같다.
방랑자이고, 아무것도 아니고, 사람도 아니다.
목적이 있는 사람은 그것을 달성해야만 한다.
목적달성을 위해 자신의 존재까지 걸겠다는
의지를 방해할 수 있는 것은 없다.

우리의 가장 깊은 자아가 열망하는 것은 단순한
즐거움이 아닌 모든 힘의 지지를 받고 인생의 조화와
방향을 제공하는 어떤 궁극적인 목적이다.
인생이 무의미한 에피소드(episode)가 아니라, 의미 있는 것이라는
확신을 갖지 않으면 마음 속 깊은 곳에서 우러나오는
기쁨을 결코 알 수 없다.
인생의 가장 고상한 목적은 인류의 도덕성 완성
다시 말해 인간성의 아름다운 변신이다.

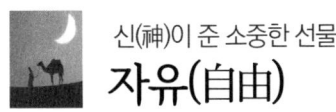

신(神)이 준 소중한 선물
자유(自由)

자유는 이 세상에 남아있는 유일한 희망이다.
진정한 자유는 무엇인가?
자신의 이익을 위해 타인의 것을 빼앗지 않고
또한 이익을 추구하는 타인의 노력을 방해 하지 않는 것이다.
자기만의 방법으로 자신의 익을 추구하는 것이다.
자유는 하늘이 인간에게 내린 가장 소중한 선물 중 하나이며
이 지구상 또는 바다 속에 있는 모든 재물보다 우월한 것이다.
자유나 명예는 인간이 목숨을 걸고 지켜야 한다.
자유가 없는 삶은 있을 수 없기 때문이다.

인간은 자유가 없다면 앞으로 나아갈 수 없다.
모든 사람들은 어디에서나 자유를 얻고자 노력해야 한다.
그들이 자유를 손에 놓으면 그들에게는 행복을 추구할 수 있는
기회가 주어질 것이며,
만물의 궁극적인 목표를 향해 발전할 수 있는 것이다.
자유는 세습되는 유산이 아니라 각 세대가 지켜야 할
새로운 과제이자 노력이다.
모든 인간은 자유롭다는 것이야말로 이 시대의 최고의 깨달음이다.
우리 사회의 최고의 신념은 개인의 자유와 존엄성이다.

존엄성을 중시하고 자유를 옹호하기 위해서는
모든 노력이 약속되어야 한다.

후손들이여!
너희의 자유를 지키기 위해
과거 선대들이 얼마나 큰 대가를 치렀는지 알고 있는가?
부디 이 소중한 자유를 유용하게 사용하길 바란다.

삶의 요술쟁이
거짓말

거짓말쟁이는 진실을 말할지라도 믿음을 얻지 못한다.
항상 자신의 모든 거짓말이 진실이라고 생각하게 된다.
자신에게 하는 거짓말은 남들에게 하는 거짓말보다 더 깊이 배어든다.
기만, 과오, 그리고 거짓말은, 서까래는 썩고 벌레 먹은 채 겉만 번지르르한 큰 배와 같다,
그 배에 탄 사람들에게는 난파할 운명이 지워진다.

진실이 존재하는 한 언제까지고 거짓말로 속일 수는 없다.
물론 생각하는 것에 그치면 누구에게도 해를 입히지 않는다.
이 세상의 너무도 많은 거짓말은 의도적인 거짓말이라기보다
진실에 대한 부주의에서 비롯된다.

삶은 반쪽짜리 진실과 거짓말의 세계이다.
기회주의, 편리한 얼버무림의 세계다.
거짓말이 없다면 인간은 절망과 권태로 죽을 것이다.
위선은 미덕에 대한 최고의 발림 말이라고 하듯이
거짓말은 진실의 힘에 대한 가장 강한 인정이다.
거짓말은 사람을 작은 숲에서 무시무시한 정글로 인도한다.

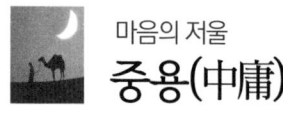

마음의 저울
중용(中庸)

미덕은 중용에 있다.
절제는 지속적인 즐거움의 열쇠이다.
과유불급(過猶不及), 지나친 것은 도달하지 못한 것과 같다.
중용은 가장 큰 미덕이며, 세상의 근본이다.
너 자신을 중용으로 다스려라.
이는 난공불락의 요새이다.

인간의 참된 경계는 중용이다.
한 번 그 울타리를 넘으면 우리의 수호천사가
우리를 지키는 임무를 그만둘 것이다.
평안은 욕망의 충족이 아니라 욕망의 절제에 있다.
중용의 경계를 넘는 모든 것은 탄탄한 기초가 없다.

사람에게 가장 좋은 명약은 자제와 노동이다.
노동은 식욕을 왕성하게하고, 자제는 과한 탐닉을 막아준다.
모든 것을 타인이 아닌 자신의 행복으로 인도하는 사람은
행복하게 살기위해 최선의 계획을 택한다.
이는 절제하는 사람이요 지혜로운 사람이다.

중용을 지키려고 애쓰는 사람은 누구나 오막살이의 가난도
왕궁에 대한 두려움도 피한다.
즐기는 것도 한계가 있어야한다.
모든 일에 중용을 지켜라.
중요은 마음의 저울이다.

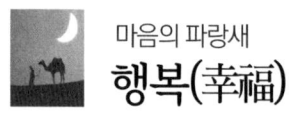

마음의 파랑새
행복(幸福)

행복은 삶의 목적이다.
행복은 행복하다고 마음먹은 만큼 행복하다.
인간의 참된 삶에는 행복이 있다.
대부분이 곧 행복해질 것이라 기대하기 때문이다.
삶의 참된 행복은 걱정과 불안에서 벗어나는 것이며,
신과 인간에 대한 우리의 의무를 이해하고 행하는 것이요.
미래에 의존하지 않고 현재를 즐기는 것이다.
삶은 불행한 사람에게는 한없이 길게 느껴지지만,
행복한 사람에게는 너무도 짧게 느껴진다.
행복에 이르는 길은 두 가지 단순한 원리에 있다.
자신에게 흥미를 일으키는 것과
자신이 잘할 수 있는 것을 찾는 것이다.

행복은 마음 안에 있는 것이다.
행복은 먼 훗날 달성해야 할 목표가 아니라,
지금 이 순간 존재하는 것이다.
하지만 대부분의 사람들은 행복을 목표로 삼으면서도
지금 이 순간 행복하다는 사실을 잊고 있다.
지금 이 순간 당신이 행복하기로 마음먹었다면

당신은 얼마든지 행복할 수 있다.
지금 이 순간이 행복해야할 때이며 행복은 현재에 있다.
지금이 행복하다고 생각하라.

노력은 행복을 뒷받침한다.
무엇인가 부족함이 있을 때 노력이 촉발된다.
진정한 행복을 위해서는 아쉬움과 부족함이 필요하다.
진정한 의미의 결핍을 통하여 원동력이 가동되어야한다.
비교는 불행으로 가는 지금길이다.
자신이 갖고 있는 것과 자신이 원하는 것을 비교하고,
현재의 자신을 과거와 미래와 비교하는 것도 불행의 씨앗이다.
타인과 비교하면 결코 행복해질 수 없다.
행복의 기준을 남에게 두지 말고 자신의 삶을 살아야 한다.
그래도 비교하고 싶으면 위를 보지 말고 아래를 보고 살아라.
그러면 그대의 현재의 삶에 감사하게 될 것이다.

행복의 비결은 자신이 좋아하는 일을 하는 데 있는 것이 아니라
자신이 하는 일을 좋아하는 데 있다.

불행의 기원
걱정

걱정은 칼날 위의 녹이다.
걱정은 어려운 일에 대해 기한이 되기 전에 지불하는 이자다.
걱정은 마음을 농락하는 두려움의 가느다란 물줄기다.
만약 걱정이 생기면 그것은 다른 모든 생각들이 흘러가는 수로를 방해한다.
걱정은 그 원인이 무엇이든 간에 용기를 약화시키고 빼앗아간다.
그리고 생명을 단축시킨다.

만약 우리가 미래의 사건에 대해 언제나 걱정만 한다면
우리의 인생에 평화나 안락함은 거의 없을 것이다.
가능성 있는 사고에 대한 두려움으로 스스로 걱정하는 자는
결코 휴식을 할 수 없다.

걱정은 인류의 독이며, 여러 죄와 더 많은 불행의 기원(起源)이다.
모든 것이 의심스러운 세상에서, 우리가 실망한 곳에서
그리고 실망 속에서 축복받은 곳에서 왜 마음은 혼란스럽고 동요될까?
그것으로 원인을 바꾸거나 인간사의 수수께끼를 풀 수 있겠는가?
걱정하는 습관은 당신에게 일어나는 가장 나쁜 일에 직면하고, 지배할 수 있다고 결심하는 날 없어질 것이다.
막다른 길에 갇히는 무익함을 걱정하라,

성공의 부적
끈기

위대한 일은 힘이 아니라 인내를 통해 이루어진다.
용기와 끈기는 장애물을 흔적도 없이 사라지게 하는
신비한 부적을 가지고 있다.
근면성실함은 모든 것에 쓸모가 있으며, 또한 최고의 이유가 된다.
그것은 우리가 끊임없이 노력할 때 양성되고, 모든 것을 일룰 수 있게 한다.

확신이 없는 사람이 성공하는 일은 거의 없다.
이들은 동료들에게도 결코 존경받지 못한다.
성공을 일구는 사람들은 결정하기 전까지 신중을 가해 결정하고,
실행에 돌입하면 단호하고 끈질기다.

달팽이는 끈기 하나로 방주에 오른다.
어떤 것을 진정으로 열렬히 원하는 것은 의지를 강화시킨 것이다.
그리고 목표를 위한 결심을 자극한다.
뚜렷한 목적이 있다면 일은 흥미진진해진다.
의지는 목표에 정신을 집중하게 해 최대의 능력을 쏟아 붓게 만들고,
비범한 행동을 하게한다.
그 결과 훨씬 향상된 능력으로 일을 하고 목표를 달성할 수 있다.
신은 끈기 있게 노력하는 사람과 함께 한다.

죄악의 시원(始原)
나태(懶怠)

자신의 일을 찾는 사람은 축복받은 사람이다.
이 세상에는 괴물 같은 존재가 하나있다. 바로 게으른 사람이다.
일하지 않는 자는 올바른 생각을 할 수가 없다.
나태함은 마음을 덮는다. 건설적인 활동이 결여된 생각은 질병이 된다.

나태함은 가장 큰 죄악의 원인이 된다.
터키에는 "악마는 모든 사람을 유혹하지만 게으른 사람은 악마를 부추긴다"는 말이있다.
게으름은 아무것도 하지 않는 것이 아니라, 어떤 것을 마음대로 하는 것이다.

나태는 귀족의 부산물이다.
나태는 살아있는 사람을 매장 시킨다.
시간은 되돌릴 수 없다.
어떤 이는 시간은 잃었지만 친구를 얻었고,
어떤 이는 시간은 잃었지만 돈을 얻었다.
그러나 게으름으로 잃은 시간은 이익을 낳기 위해 다시 돌아올 수 없다.

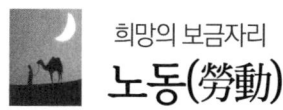

희망의 보금자리
노동(勞動)

옷을 입을 때마다 그 옷을 만든 사람의 노고를 생각하고,
음식을 먹을 때마다 농부의 땀을 생각하라.
일하지 않는 자는,
무위의 고통은 알지모르나 노동의 즐거움은 알지 못한다.
노동이 없다면 휴식도 없다.
투쟁하지 않는다면 획득할 수 있는 승리도 없다.

어떤 분야에서의 최고 우수성은 일생의 노고에 의해서만 얻어질 수 있다.
이는 싼 값으로 살 수 있는 것은 아니다.
인간의 노동력 외에 진정한 부는 없다.
금으로 덮인 산과 은이 흐르는 골짜기가 있다면
이 세상은 보다 부유해지지 않을 것이다.
안락함은 인류에 보탬이 되지 않는다.

희망을 품고 여행하는 것이 도착하는 것 보다 낫다.
진정한 성공은 일하는 것이다.
손에는 연장을 들고 자신만의 최고의 삶을 개척하라.

사악의 꽃
속임수

가장 속이기 쉬운 사람은 바로 자신이다.
자기 자신을 속이는 것만큼 쉬운 것도 없다.
인간은 대부분 자신이 가장 진실하다고 믿기 때문이다.
인간이라면 누구나 살아가면서 힘든 시기를 거친다.
그러는 동안 위선자라기보다는 악한에 가까운 사람이 된다.
인간의 뛰어난 능력은 타인을 속일 때 드러난다.

사람은 누구나 주변 사람이 자신을 속일까봐 전전긍긍한다.
하지만 그러기 전에 자신이 상대방을 속이지 않았는지 먼저 돌이켜보라
친구에게 속는 것보다 친구를 믿지 않는 것이 더 수치스럽다.
가끔 다른 사람을 속인 다음, 오히려 자기 자신에게 속아 눈물을 흘린다.

애써 사악함을 감추면서 언제나 진실한 인간인 척하는 것은 위선이다.
고상한 척 위선을 떠는 사람은 자기 자신에 대해 이야기하는 법이 없다.
사람은 다른 누구보다도 자신에게 가장 많이 속는다.

일의 자극제
여가(餘暇)

한가할 때보다 더 여유로운 때는 없으며,
혼자 있을 때보다 더 외로운 때도 없다.
"일 년에 52주를 일하는 사람은 어떤 주에도 최선을 다 하지 않는다."
미국의 광산업의 대부였던 구겐하임의 말이다.
진정한 휴식은 목표를 일깨워 준다.
휴식의 진짜 목적은 단지 즐거움이나 기쁨, 시간을 때우기가 아닌
건강의 향상과 유능한 재능의 강화, 그리고 성취를 자극하는 것이다.

모든 지적인 향상은 여가에서 비롯된다.
삶의 일부를 잘 활용하는 사람에게는 삶의 대부분에 휴식이 허락될 것이다.
때때로 멀리 떠나 약간의 휴식을 취해 보라.
다시 일터로 돌아왔을 때 당신의 판단력은 보다 확실해질 것이다.
끊임없이 일만 하는 것은 오히려 판단력을 흐리게 한다.
일이 보다 적게 여겨지고, 일 이상의 것이 한 눈에 들어오며,
균형과 조화의 부족을 보다 쉽게 알기위해 가끔은 멀리 떠나보라.
여가시간을 슬기롭게 보내는 것이 가장 문명적인 생활을 하는 것이다.

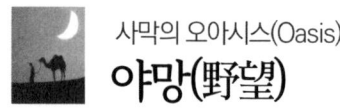

사막의 오아시스(Oasis)
야망(野望)

노예에게는 주인이 한 명뿐이다.
그러나 야망이 많은 자는 자신의 야망을 이루기 위해 여러 명의 주인을 섬긴다.
야망이 있으면 높고 가파른 계단을 올라간다.
다음에 내려오는 방법을 생각하지 않는다.
떨어질까 봐 무서워하기보다는 더 높이 올라가고 싶어 안달이 나기 때문이다.

모든 사람은 야망을 품는다.
야망이 없다면 아무것도 시작할 수 없다.
일을 하지 않으면 아무것도 끝마칠 수 없다.
당연히 보상도 주어지지 않을 것이다.
일하는 법을 아는 사람에게는 항상 일감이 주어진다.
그리고 사리판단을 잘하는 사람은 으레 리더가 되기 마련이다.
세상에는 수많은 방법이 있지만 정해진 원칙이란 없다.
원칙이 있는 사람에게는 자신만의 노하우가 있다.
어떤 일을 시도할 때 원칙을 무시하면 문제가 생길 수밖에 없다.

야망은 인간에게 너무나 강력한 환상이다.
그러나 인간은 아무리 야망을 이룬다한들 결코 만족하는 법은 없다.
야망은 위대한 정신의 날개다.
야망을 이루는데 성공하면 위대한 사람이 되고, 실패하면 낙오자가 된다.
나무가 클수록 바람에 더 많이 흔들리듯이 야심이 클수록 운에 더 많이 좌우된다.
젊은이들이어! 야망을 가져라.

성공의 씨앗
역경(逆境)

인간은 역경을 통해서 자신과 처음 만나게 된다.
역경 중에서도 가장 고통스러운 순간은 한 때의 행복을 떠올리는 때다.
고난이 닥쳐도 불안해하지 말라.
확신을 가지고 자기 자신을 믿어라.
역경은 당연히 고통스럽게 마련이다.
그렇지만 성공하려면 기필코 견뎌야한다.
용감하고 확신에 찬 사람은 역경이 닥치더라도 결코 굴하지 않는다.

누구나 잘 나아갈 때와
성공을 거둔 때에는 주위에 친구가 많다.
하지만 역경에 처했을 때는 스무 명중 한 명도 남지 않는다.
황금은 불속에서 시험되듯 우정은 역경에서 시험된다,
역경은 사람을 부자로 만들지는 못하지만 지혜롭게 만든다.
용감한 군사들이 전쟁에서 승리를 기뻐하듯 위대한 인물들은
역경을 기뻐한다.
번영과 평화는 비겁한 자를 기르고 역경은 대담한 자를 낳는다.
영웅처럼 고난을 견뎌내는 사람은 성공을 맛볼 수 있다.
하지만 고난을 외면한 사람은 결코 성공할 수 없다.

누구나 성공을 원한다. 고난을 원하는 사람은 아무도 없다.
하지만 우리는 고난을 존중해야한다.
역경을 견뎌냈을 때 인간은 위대해지기 때문이다.
역경에서는 평온한 마음을 유지하고 번영할 때는 지나친 기쁨을
마음에서 몰아내라
고난을 겪지 않는 자에게는 사람들이 가까이 오지 않는 법이다.

진실의 씨앗
가치(價值)

고통과 노동 없이는 참으로 가치 있는 것을 얻을 수 없다.
교육은 타고난 가치를 증가시키고 올바른 훈련은 정신을 강화한다.
사람의 가치를 직접 드러내는 것은 재산도 지위도 아니고 그의 인격이다.
명성은 하루살이에 불과하다.
그러나 사람들의 가슴속에 살아있는 것은 가치 있는 일이다.
진실은 우리가 가진 것 가운데 가장 가치 있는 것이다.

우물이 마르면 비로소 물의 가치를 알듯이
돈은 가치는 다 써버린 뒤에 안다.
돈의 가치를 알고 싶다면 돈을 빌리러 가보라.
지갑 속에 있는 한 푼이 왕궁에 있는 친구보다 더 낫다.

성공하는 사람이 되고자 하기 보다는 가치 있는 사람이
되고자 노력해야 한다.
인간의 가치는 자신의 존재를 어떻게 생각하느냐에 따라 분류된다.
자신이 소중하기를 바라는 행동을 보여준 만큼 세상의 모든 인간은
소중하다.
우유부단한 마음, 연약함, 그리고 불충분한 노력으로는 그 어떤 가치
있거나 비중 있는 일도 이룰 수 없다.

뛰어난 제품을 관찰할 때 그것을 과소평가하는 사람은,
다른 사람에게 보여줄 자기 자신만의 그 무엇을 절대 가질 수 없다.

인생에서 가장 위대한 기술 중에 하나는 정확한 가치를 감정하는 기술이다.
우리가 생각하고, 얻고, 우리에게 주고, 우리의 의식을 건드리는
어떠한 방법 안에 있는 모든 것은 그것만의 가치를 지니고 있다.
그러나 모든 가치는 계속 변하고, 종종 갑작스럽게 변한다.
자연의 어떤 것도 영구적인 가치를 지니고 있지 않다.
진정한 가치는 당신 곁에 머무르고, 당신에게 행복을 주고,
당신을 풍요롭게 하는 것이다.
그것은 인간의 가치이다.
인류는 그들이 무엇이냐가 아닌 무엇처럼 보이느냐로 평가가 된다.

제5부

용서

마음의 지우개
용서(容恕)

용서는 곧 사랑이다.
고결하고 아름다운 사랑의 형태이다.
사랑이 없는 사람은 쉽게 용서하지 못한다.
용서는 평화와 행복을 그 보답으로 준다.
그대, 용서함으로써 행복 하라!

용감한 자만이 용서할 줄 알고
비겁한 자는 용서하지 않는다.
용서는 남에게는 자주 베풀지만
자신에게는 베풀지 마라.
누군가가 당신에게 피해를 입혔다면
인내심을 가지고 그들을 대하라.

부드러운 말은 상처를 소독 한다.
용서는 상처를 치유하고 망각은 흉터를 지운다.
상처를 낫게 하려고 논쟁을 벌이는 것보다
조용히 상처를 기다리는 편이 더 낫다.
용서가 신성하듯이 극도의 어려움을 참고 견디는 것은 훌륭하다.

용서하는 것은 아름답다.
용서하지 않으면 분노를 되새김질하게 되고
과거의 기억과 상처에 매달리게 되면서
자기 자신의 노예가 되는 것이다.
상처에 집착하는 것은 자기 자신을 불행하게 만든다.
용서는 자신을 위해 상처를 떨쳐버리는 것이다.
상처의 진정한 치유(治癒)는 용서에서 온다.
용서는 자신 안에 갇힌 에너지를 밖으로 내보내
세상에 선한 일을 하는데 쓸 수 있게 한다.
용서는 삶속에서 실천할 수 있는 큰 수행이다.
용서할 때 마음에 문을 열 수 있다.

용서하는 마음은 상처 준 이들을 받아들이는 마음이다.
진정한 용서는 마음의 쇠사슬에 묶여 있던 이들을
위안해 주고 안심시켜주는 일이다.
자신을 멍들게 하고 파괴시킨 미움과 원망의 마음에서
스스로 벗어나는 일이다.
그대를 고통스럽게 만든 사람에게 나쁜 감정을 키워나가면
그대 자신의 마음의 평화만 깨어질 뿐이다.
그대가 그를 용서한다면, 그대 마음은 평온을 되찾을 것이다.

누군가를 용서한다는 것은 알고 보면 자신을 위한 것이다.

타인을 용서치 못한다면 스스로 건너야 하는
다리를 부수는 것이나 마찬가지다.
죄를 저지른 자와 피해를 입은 자,
모두에게 용서는 필요한 법이다.
약자는 결코 용서할 수가 없다. 용서는 강자의 속성이다.

증오는 사랑만이 극복할 수 있다.
용서할 수는 있어도 잊을 수는 없다고 하는 말은
용서할 수 없다는 말이다.
잊어버리는 것이 용서해주는 것이다.
결혼은 30%의 사랑과 70%의 용서이다.
남을 꾸짖는 마음으로 자신을 꾸짖고
자기를 용서하는 마음으로 남을 용서하라.
대장부는 남을 용서해야 마땅하지만
남의 용서를 받는 사람이 되어서는 안 된다.
다른 사람은 용서하되, 자신은 용서하지 마라.
그게 행복한 삶의 원천이다.

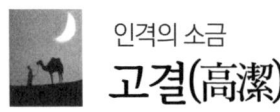

인격의 소금
고결(高潔)

고결하게 생각하는 사람들은 행동도 고결하다.
고결한 사람에게는 명성이 가장 큰 재산이다.
모든 고결한 활동이 그것을 위해 길을 만든다.
고결한 자는 자신보다 높은 사상과 자신을 비교하며 평가하는 반면,
평범한 자는 자신보다 낮은 사상으로 자신을 평가한다.
진정한 고결함의 본질은 그 자체를 무시하는 것이다.

지식이 없는 고결함은 약하고 무익하며,
고결함이 없는 지식은 위험하고 무서운 것이다.
허위로 가득 차 있으면서도 고결한 척하는
위선자의 악행(惡行)보다 더 비열한 것은 없다.
고행의 털옷을 입었다고 해서 항상 고결한 인물이 되는 것은 아니다.

세상이 아무리 썩어있어도 소금에서 벌레가 생기지는 않는다.
고귀한 영혼은 그 자체만으로 존경심을 불러일으킨다.
고결한 사람이 되어라,
죽지는 않았지만 잠들어 있는 사람에게 있는 고결함은 위엄을 드높일 것이다.
만약 인간이 관대한 마음을 부여받았다면 이는 가장 훌륭한 고귀함이다.

위대함의 극치
단순함

어떤 것도 위대함만큼 단순하지 않다.
사실 '단순해진다는 것은 위대해진다는 것'이다.
모든 것은 가능한 한 단순하게 만들어야한다.
그러나 그것도 그렇게 간단하지만은 않다.

성격에서, 예의에서, 방식에서, 모든 것에서
가장 탁월한 것은 단순함이다.
가장 중요한 내용은 단순하게 말해야 효과가 있고 강조하면 효과가 없다.
단순함의 능력은 필요한 것이 말하도록 불필요한 것은 제거하는 것이다.
단순함, 선행, 진리가 없는 곳에서는 위대함도 없다.

학문은 교활한 사람은 무시하고, 단순한 사람은 경탄하며,
지혜로운 사람은 이용한다.
철학의 핵심은 말할 것도 없을 만큼 단순한 것에서 시작해서
아무도 믿지 않을 만큼 매우 역설적인 것으로 끝나는 것이다.
단순함은 마치 잠과 같아서 휴식으로 가득 찬 듯이 보인다.

선행의 씨앗
덕(德)

성실과 진실은 모든 덕의 토대이다.
지혜란 다음에 해야 할 일이 무엇인지 아는 것이다.
그리고 미덕은 그것을 하는 것이다.
사람은 희망이나 두려움, 혹은 외적인 동기가 아닌 자기 자신을 위해 덕을 추구해야한다.
행복은 덕(德) 안에 있다. 왜냐하면 덕이란 일생을 조화롭게 만드는 마음의 상태이기 때문이다.

덕과 사귀는 영혼은 언제나 흐르는 수원(水源)과 같다.
그것은 순수하고, 맑고, 유익한 바람이며, 감미롭고, 풍부하고,
축적에 관대하다. 그것은 해치지도, 파괴하지도 않는다.

남을 꾸짖는 사람은 잘못 가운데서도 잘못이 아닌 것을 찾아야만
마음이 평온해진다.
자신을 꾸짖는 사람은 잘못이 없는 데서도 잘못을 찾아야만
곧 덕이 늘어간다.
계획된 덕은 결코 효과가 크지 않다. 감정적이거나 습관적인 덕이
효과가 크다.

다른 사람이 가지고 있는 미덕을 칭찬하라
그러면 그들은 자신들이 가지고 있지 않는 것에 대해
칭찬받는 것만큼 기뻐할 것이다.
진정한 신의, 진정한 명예, 그리고 인간의 본성의 완성을 열망하는 것은
덕의 참된 원칙이자 동기이다.
세상에서 훌륭한 모든 것에 꼭 필요한 것은 도덕적인 생활이다.

자유로운 영혼
독서(讀書)

독서 백 편이면 뜻이 저절로 통한다는 말이 있다.
독서는 완성된 사람을 만들고, 사색은 사려 깊은 사람을 만들고,
담론(談論)은 재치 있는 사람을 만들고,
논술(論述)은 확실한 사람을 만든다.

독서와 마음의 관계는 운동과 몸의 관계와 같다.
독서를 하고 생각을 하지 않는 것은 식사를 하고
소화를 시키지 않는 것과 같다.

매일 조금씩이라도 무언가를 읽도록 결심하라.
단지 한 문장만이라도,
하루에 단 몇 분만이라도,
연말이 되면 그것만으로도 무언가 느낀 점이 있을 것이다.
좋은 책을 읽지 않는 사람은 그 책을 읽지 못하는 사람보다
나을 것이 없다.

독서하는 사람의 모습은 아름답다.
그리고 그 영혼은 자유롭다.

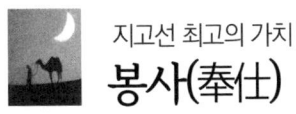

지고선 최고의 가치
봉사(奉仕)

인생의 유일한 의미는 인류에게 봉사하는 것이다.
인생은 봉사의 장소이며,
그 봉사 안에서 인간은 참기 어려운 큰 고통을 겪는다.
그러나 그보다 더 자주 커다란 기쁨을 경험한다.

진정으로 행복해질 사람들은 어떻게 봉사하는지 찾고 발견한 사람들이다.
봉사의 방식을 쫓아서 행동할 때 우리가 원하는 것을 얻고,
다른 사람을 위해서도 얻을 수 있다.
다른 사람을 섬기는 숭고한 기술 안에서 근로자들은 그들의 의욕을 유지하고 경영진들은 고객을 유지하며, 국가는 번영한다.
인생의 명확한 교훈 중 하나는 우리가 어떤 것을 타인을 위해서 얻지 않는 한 우리 자신도 무언가를 얻거나 유지할 수 없다는 사실이다.

한 사람이 여가시간의 일부를 다른 사람을 위한 일을 하는 데 바치는 것은 가장 고귀한 휴식의 형태이다.
올바른 목적을 위한 봉사는 인간에게 어떠한 인생의 모험보다
진정한 행복과 만족으로 보답한다.

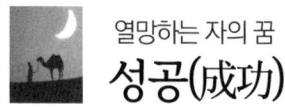

열망하는 자의 꿈
성공(成功)

어떤 분야에서든 발군(拔群)으로 성공하기 위해서는
그 분야의 전문가가 되어야 한다.
만약 인생에서 성공의 비결이 있다면 그것은 자신을 다른 사람의 입장에 놓고 자신뿐만이 아니라 그 사람의 관점에서 보는 사물의 능력 일 것이다.
성공을 열망하는 사람에게 가치 있는 조언은 그것이 인생에서 무엇을 의미하든지 간에 당신이 좋아하는 일을 하라는 것이다.
당신을 사로잡고 완전히 매료 시키는 일이 아니면 그 일을 잘 할 수 없고, 실패할 따름이다.

진정한 성공은 무대 위가 아니라 무대에서 내려와
동료들과 얼마나 사이좋게 지내느냐에 달려있다.

성공의 열매는 어떤 인간관계를 맺고 사느냐가 중요하다.
성공은 인간이 그것을 얻을 때 까지는 유망하다.
그리고 얻고 나서는 새가 이미 날아가 버린 전년(前年)의 둥지가 된다.
성공에서 가장 힘든 것은 성공을 계속 유지해야 한다는 점이다.

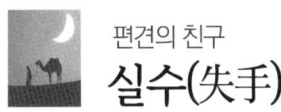

편견의 친구
실수(失手)

인간은 누구나 실수를 저지른다.
실수는 지식이 아닌 판단력으로 기인한다.
잘못된 판단으로 진실이 아닌 것을 받아들이게 되는 것이다.
편견을 현실로 적용시키는 것이 바로 실수다.
모든 실수 중에서 최악의 실수는 지금까지 저지른 실수를 부정하는 것이다.

현명한 자들은 타인의 실수를 통해서 배우지만,
어리석은 자들은 자신의 실수를 통해 그릇되게 배운다.
실수는 대부분이 자신이 안다고 생각하는 것을
정확히 알지 못하기 때문에 일어난다.
현인들은 실수 하지 않는 것을 축복이라고 생각하지 않는다.
오히려 사람의 가장 큰 덕은 자신의 실수를 바로 잡고 끊임없이 자신을
새사람으로 만드는 능력에 있다고 믿는다.
실패가 두려워 시도조차 하지 않는 것이야말로 무능력한 것이다.

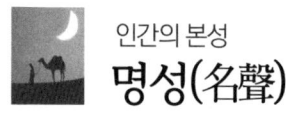

인간의 본성
명성(名聲)

명성은 가면과 같다.
유명해지면 다른 사람이 보이지도 않고, 그들의 말이 들리지도 않는다.
명성에 대한 욕심은 다른 어떤 욕심보다 끈질기다.
사람들이 생각하는 행복은 저마다 제각각이다.
정직한 명성을 바라는 자는 진정한 행복이 무엇인지 아는 사람이다.
그는 번영을 누리면서 영광을 발견한다.
그러나 지혜로운 사람이 명성을 얻고자 열망한다면 그것이야말로
그가 가진 유일한 약점이 될 것이다.

인격은 신뢰도이고, 평판은 다른 사람들이 형성한 통찰적 일치된 견해다.
인격은 자신에게 있는 것이고, 평판은 다른 사람들에게서 온다.
좋은 명성은 예민하고 천천히 성장하는 식물과 같다.
하룻밤 사이에 급속히 성장하지는 않는다.
그러나 하룻밤 사이에 모조리 무너져버릴 수는 있다.
진정한 영광은 기록될 만한 가치가 있는 행동에서 비롯된다.
모두가 그런 영광을 얻고자 한다면 세상은 더 행복하고
살기 좋은 곳이 될 것이다.
마음으로 얻은 명성은 쇠락할 일이 없다.

지혜의 다른 이름
어리석음

가난이 범죄의 어머니라면 어리석음은 범죄의 아버지이다.
내가 아는 가장 어리석은 이들은 아는 척하는 사람들이다.
무지가 행복일 때 지혜는 어리석음이다.
의견에서 고집과 맹렬은 어리석음의 가장 확실한 증거다.

일반적으로 사람의 본성에는 지혜보다는 어리석음이 더 많다.
아무리 책을 읽어도 현명해지지 않는다는 사람은
자신의 지능 결함 따위는 좀처럼 의심해 보지 않는 채
단어가 이해하기 어렵다느니,
문장이 애매하다느니 하고 투덜대고는
마침내 자신이 이해할 수 없는 책이 어떤 이유로 만들어진 건지
어이없는 불만을 갖게 된다.
어리석음은 아무리 강한 지진도 상대가 안 되는 절대적인 것이다.
어리석은 일이란 없다. 오직 어리석은 사람만 있을 뿐이다.

죄의 씨앗
악행(惡行)

숯검정을 만지면 손이 더러워진다.
갈불음도천수(渴不飮盜泉水)는 목이 말라도 도천 즉
'도둑의 샘물은 마시지 않는다'는 뜻이다.
아무리 가난해도 나쁜 짓으로 돈을 벌지는 않는다.
누구나 자기행동의 결과를 반드시 겪는다.
악행을 저지른 자는 다이아몬드가 구슬을 부수듯 자기 몸을 망친다.

사람이 저지른 악행은 사후에 남고,
선행은 시체와 함께 땅에 묻힌다.

상처에 가장 좋은 치료제는 그것을 잊는 것이다.
다른 사람을 해치기 위해 분열을 일으키는 사람들은
사실 자신의 파멸을 위한 함정을 파고 있는 것이다.
죄는 쓸데없이 다른 사람들을 상처 주는 데 있다.
그 밖의 다른 죄들은 무의미하게 만들어졌다.
누군가 상처를 대가로 욕심을 부리면 그 욕심을 부리는 자가 상처를 입게 된다.

잘못했다고 인정하는 것을 부끄러워할 필요는 없다.
그것은 바꿔 말하면 오늘은 어제보다 현명해졌다는 뜻이기 때문이다.
친구를 만들기 위해, 혹은 친구를 지키기 위해 절대 잘못된 일을 하지 마라.
인간의 마음은 세상처럼 크지만 잘못된 기억을 수용할 공간이 없다.
당신에게 상처를 입힌 자는 당신보다 강하거나 약했다.
만약 그가 약자라면 그를 용서하라.
만약 그가 강자라면 당신 스스로 용서하라.

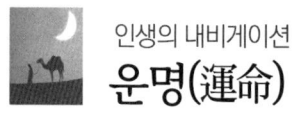

인생의 내비게이션
운명(運命)

각자의 가슴에 자기 운명의 별이 있다.
사람은 각자 자기 운명의 건축가다.
새옹지마(塞翁之馬)처럼 사람의 길흉화복은 예측할 수 없는 것이다.
스스로 자기 운명을 개선하지 않으면 아무도 그것을 개선 시켜주지 않는다.

불운을 슬퍼하거나 운명을 한탄하거나 한 적이 전혀 없는 사람은
자신이 위대한 인물임을 보여준 것이다.
용감한 사람은 자기 운명을 개척한다.
누구나 사람들은 자기 행동의 결과로 운명을 결정한다.
비가 내려야만 도토리나무에 열매가 맺히는 것처럼
사소하지만 고통스러운 난관이 여러 번 닥쳐야만 결심을 이루는 법이다.

뿌린 만큼 거두는 것이 수확(收穫)의 법칙이다. 행동을 뿌리면 습관을 거두고, 습관을 뿌리면 성격을 거둔다.
성격을 뿌리면 운명을 거두게 된다.

운명은 물에 떠있는 코코넛 껍질처럼 방향을 알 수 없다.
그런가하면 곧 가라앉을 돌처럼 미래가 정해져 있다.
처칠은 "나는 운명과 함께 걸어간다고, 나의 모든 지난날은 바로 이 시간과 이 시련을 위한 준비에 불과했다는 것을 느낀다"고 말했다.
운명에 따라 쇠하고 흥하라,
그러므로 자신에게 닥치는 일을 받아드리고 운을 지배하라.

위대함의 힘
의지(意志)

육체가 정원이라면 의지는 정원사다.
사람의 선악은 그의 의지에 달려있다.
사람은 힘이 부족한 것이 아니라 의지가 부족하다.
인간이 최대한 힘을 발휘하겠다고 굳게 결심한 의지보다
큰 영향을 미치는 힘은 없다

기회가 왔을 때 결심하고 행동하지 않으면
실제로는 결심하지 않는 것이다.
좋은 것을 사랑하지만 그것이 가능한 순간에도 실행하지 않으면
실제로는 사랑하지 않는 것이다.

우리는 우리의 힘과 수단을 넘어서는 것은 책임질 수 없다.
이따금 그 결과는 능력 밖이며, 실제로 의지를 제외하면 그 어떤 것도
능력 안에 있지 않다.
인간의 의무를 규정하는 모든 원칙은 바로 이것을 바탕으로 확립하는
것이다.

의지력의 부족은 지성이나 능력의 부족보다 더 많은 실패의 원인이 된다.
위대한 사람에게는 의지가 있다.
반면 나약한 사람에게는 소원만 있다.

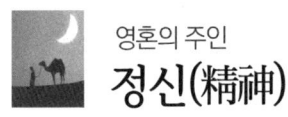

영혼의 주인
정신(精神)

가장 고귀한 정신이 최고의 만족을 얻는다.
강한 정신의 소유자가 되기 위해 가장 중요하면서
가장 어려운 일은 정신의 주인이 되는 것이다.
세상에서 유일하게 가치 있는 것은 활발한 정신이다.
교육은 타고난 가치를 증가시키고 올바른 훈련은 정신을 강화한다.

이 세상에는 검(劍·칼)의 힘과 정신의 힘, 두 가지가 있다.
그러나 결국 검의 힘은 항상 정신의 힘에 패배할 수 밖에 없다.

열린 마음은 그 나름대로 아주 좋다.
그러나 너무 열려있어서 그 속에 아무것도 보관할 수 없고 밖에서
모든 것이 들어오게 해서는 안 된다.
마음은 때때로 그 문을 닫을 수 있어야한다.
그렇지 않으면 마음속에 바람이 너무 많이 통하게 될 것이다.

인간의 지복은 외부나 눈에 보이는 재물에 있는 것이 아니다.
이는 인간의 내면과 눈으로 볼 수 없는 정신의 완전함과 풍요로움에 있다.
마음을 깨끗하게 유지하기 위해 때때로 마음을 바꾸려고
생각하는 사람은 훌륭하다.

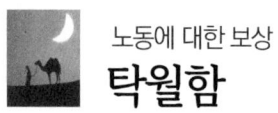

노동에 대한 보상
탁월함

역경이 없으면 탁월함도 없다.
탁월함이란 훈련과 습관으로 얻을 수 있는 기술이다.
미덕과 훌륭한 인격을 갖추더라도 행동이 올바르지 않으면
탁월한 사람이 될 수 없다.
탁월함은 순간적인 행동이 아닌 반복적인 습관으로 얻어지는 것이다.
즐겁게 일하려면 그 일에 능숙해야 한다.
능숙하게 일하려면 일할 때 즐거워해야 한다.

탁월함은 능력에 대한 인정이 아닌 노동에 대한 보상이다.
보상의 즐거움을 느끼지 못하고 그저 습관적으로 일만하는 사람은
매시간 아무 생각 없이 움직이는 시계와 다름없다.

일을 잘하되, 그것에 얽매이지는 말라.
지금보다 더 많은 것을 얻고자하고, 대범하게 일하라.
인간은 부단히 성장해야한다.
만약에 생각하기를 멈춘다면 더 이상 성장할 수 없다.
남모다 뛰어나고 싶다면 뛰어난 사람들 사이에서 부단히 노력해야 한다.

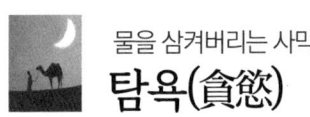

물을 삼켜버리는 사막
탐욕(貪慾)

가난과 기쁨이 있는 곳에는 탐욕도 인색함도 없다.
가난뱅이는 너무 적게 가진 사람이 아니라 더 많이 탐내는 사람이다.
과욕보다 더 큰 불행은 없다.
불평보다 더 큰 죄악은 없다.
탐욕보다 큰 재앙은 없다.
더 많은 것을 얻으려는 탐욕은 갈구함의 참된 끝을 허용치 않는다.
다시 말해 탐욕은 가진 것에 대한 즐거움을 앗아간다.

내 우물이 가득 차 있어도 목마름을 두려워한다는 것은
이미 억누를 수 없는 목마름이 아니겠는가?
탐욕은 결코 만족에 이르지 못한 채 욕심을 채우기 위해 끊임없이 애쓰느라
사람을 피폐하게 만드는 밑이 없는 구덩이다.

탐욕스러운 인간은 욕심으로 가득차서 물을 다 삼켜버리는 사막의
모래땅과 같다.
따라서 다른 이들에게 이익이 되는 그 어떤 과일도 주지 못한다.
모든 일의 원인을 알고, 두려움과 냉혹한 운명, 그리고 탐욕의 지옥에서
일어나는 몸부림을 자신의 발아래 내려놓는 자는 행복한 사람이다.

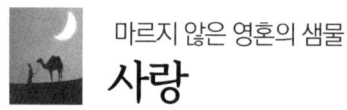

마르지 않은 영혼의 샘물
사랑

사랑과 욕망은 행동으로 날아가는 정신의 날개다.
사랑과 웃음이 없다면 기쁨도 없다.
사랑은 이기심이 사라진 관계에 남는 것이다.
사랑에는 신뢰가 우정에는 이해가 필요하다.
사랑은 끝없는 신비다. 아무도 그 실체를 설명할 수 없기 때문이다.
사랑에 감동받은 사람은 어둠 속을 배회하지 않는다.

이 지구상의 모든 음악 중 하늘 저 멀리까지 가장 높이 울려 퍼지는 음악은
진심으로 사랑하는 마음의 고동소리이다.
진정한 애정은 수수께끼 같고, 신비로우며 불가사의(不可思議)한 것들의
집합체다.
그 안에는 두 개의 집합체가 하나가 된다. 사랑과 우정은 서로를 몰아낸다.

이 세상에서 먼저 사랑을 베풀지 않고서,
사람을 사랑하도록 만드는 방법은 없다.
깊이 사랑하는 사람은 절대 늙지 않는다.
나이가 많아 죽을 지라도 젊음을 유지한 채 죽는다.
이 세상에는 생명이 있는 땅과 생명이 없는 땅이 있다.
두 곳을 이어주는 것이 바로 사랑이다.

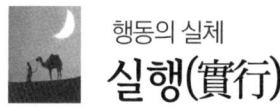

행동의 실체
실행(實行)

아무 것도 하지 않는 것이야말로 최대의 실수다.
무언가를 해낼 수 있는 한 그 일을 하라.
실행은 그 자체로 훌륭한 것이며,
어떤 일을 하든 올바른 행동을 해야 한다.

"생각을 잘하는 것보다 계획을 잘 세우는 것이, 계획을 잘 세우는 것보다는
행동을 잘하는 것이 지혜롭다." 라는 페르시아 속담이 있다.
무슨 일을 해야 할지 생각하라,
시간은 항상 기다려 주지 않는다.

인간이 혀만큼이나 손을 빨리 놀릴 수 있다면
놀라울 정도로 많은 일을 해낼 것이다.
누구나 말하는 것을 좋아하며, 이는 너무 아쉬운 일이다.
그러나 적게 말한 대신 타인을 위해 많은 일을 한다면
가정은 행복해지고 지역사회는 부강해 질 것이다.
누군가를 비판하는 것보다 그가 더 잘할 수 있도록 방법을 알려주는 것이
더 가치 있는 행동이다.
인간의 행동과 행동하기 위한 시도, 그리고 그 이유야말로
진정한 자신을 말해준다.

따분함의 극치
지루함

무딘 도끼는 날을 갈아야할 필요를 못 느낀다.
늙고 따분한 사람을 보면 무덤도 하품을 한다.
상대의 의견은 아랑곳하지 않고 꿋꿋하게 자신의 견해만 고수한 사람은
따분함의 극치다.
따분함이야말로 세상에서 두 번째로 나쁜 것이다.
가장 나쁜 것은 따분한 사람이다.

인생이 지루하고 아무런 보상이 없다고 생각하는 사람은
무엇이 잘못되었는지 깨닫고, 방법을 찾거나 자기 속에 깃든 악을
발견하고 이를 극복해야 한다.

성공한 사업가이자 대기업 사장을 만난 적이 있다.
그는 여태껏 만난 사람 중에 가장 따분했다.
그는 찻잔이 나오자마자 자신의 성공담만 늘어놓았다.
물론 높은 지위에 오르기 까지 온갖 노력도 다했을 것이다.
상대방의 의중은 생각도 없이 자신의 이야기만 듣고 왔다.
자기 자랑만 하는 사람은 참으로 따분한 사람이다.

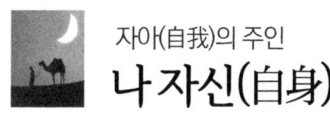

자아(自我)의 주인
나 자신(自身)

내가 젊고 자유로워 상상력의 한계가 없을 때.
나는 '이 세상을 변화시키겠다'는 꿈을 가졌었다.
좀 더 나이가 들고 지혜를 얻었을 때.
나는 세상이 변하지 않을 것이라는 것을 알았다.
그래서 시야를 약간 좁혀서
내가 살고 있는 나라를 변화시키겠다고 결심했다.
그러나 그것 역시 불가능한 일이었다.
황혼의 나이가 되었을 때.
나는 마지막 시도(試圖)로 '나와 가까운 내 가족을 변화시키겠다'고
마음을 먹었다.
그러나 아무도 달라지지 않았다.
이제 죽음을 맞이하기 위해 누운 자리에서 나는 알았다.
만일 내 자신을 먼저 변화시켰다면.
그것을 보고 내 가족이 변화되었을 것을….
또한 그것에 용기를 얻어 내 나라를 더 좋은 곳으로
바꿀 수 있었을 것을….
그리고 누가 아는가.
세상까지도 변화 되었을지도….

-이 시(詩)는 '영국 지하 무덤에 있는 어느 주교의 묘비 글'이다.-

시대의 증언
역사(歷史)

역사는 시대의 증언이고 진실의 빛이다.
역사는 별빛이나 희미한 달빛으로 풍경을 보여준다.
역사는 사람들에게 과거를 알려주어 그들이 미래를 판단할 수 있게 한다.
역사는 실제 있었던 사실의 기록이고, 소설은 허구의 사실을 이야기한다.

거짓말이 들어있지 않는 역사는 극도로 지루하다.
인류 역사에서 가장 끈질기게 들리는 소리는 전쟁의 북소리다.
헛된 삶을 살아가는 위인은 하나도 없다. 세계사는 위인들의 전기에 불과하다.

역사에서 배워야 할 것은 두 가지가 있다. 하나는 조상들보다 우리가 더 뛰어난 존재가 아니라는 것이며, 또 다른 하나는 조상들보다 더 뛰어나게 진보시키지 못했다면 우리는 그들보다 더 부끄러운 존재라는 것이다.

오래된 신화적 인물, 우상, 영웅들은 절대 죽지 않았다. 그들은 우리의 마음속 깊은 곳에서 우리가 부르길 기다리며 잠들고 있을 뿐이다.
그들은 우리민족의 지혜를 상징한다.

역사의 효과는 우리의 뿌리를 알려주는 것이다. 우리가 태어났을 때 우리는 거의 텅 빈 그릇이었고, 우리의 전통이 우리에게 주는 대로 성장했기 때문이다.
진실한 과거는 빗나가지 않는다.
사람이 죽기 전에 깨달을 수 있는 진실이나 선은 없다.
그러나 모든 것은 그대로 남는다. 그리고 인식하건 인식하지 못하건 끝없는 변화를 통해 살아가고 있다.
무릇 역사는 과거와 현재의 대화(對話)이고, 미래를 여는 창(窓)이다.

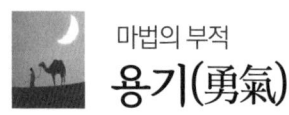

마법의 부적
용기(勇氣)

용기는 사랑스러운 미덕이자 신이 인간에게 내린 갈비뼈다.
진실한 용기는 두려움과 대담함 사이에서 온다.
지혜와 인자함과 용기는 천하의 미덕이다.
용기가 있는 곳에 희망이 있다.
용기는 인생이 평화를 줄 때 요구하는 대가다
세상에 즐거움만 있다면 우리는 용기와 인내를 배우지 못했을 것이다.
용기는 두려움이 없는 것이 아니라 두려움에 저항하고 그것을 극복하는 것이다.

적이 아닌 자기 자신을 이기는 사람이 진정으로 용감한 사람이다.
자아에 대한 승리야말로 가장 어렵기 때문이다.
용기는 특별한 지식이다. 두려워할 때와 두려워하지 말아야할 때,
각각 어떻게 할지 알려주기 때문이다.
또한 용기는 일종의 재능이다. 용감한 사람은 결정적인 순간에 이를 때까지 자신이 용감한 줄 모른다. 그리고 다시 또 다른 시험에 들어갈 때까지 자신의 용기를 잃어버린다.

고통을 두려워하지 않는 용감한 사람은 누구에게나 존경받는다.

위험에 처해도 몸을 사리지 않기 때문이다.
용감한 사람은 끊임없이 무언가 사랑에 빠진다.
전쟁 같은 일상, 문자 그대로 전쟁, 무엇이건 간에 맞서고자 하는
의지와 애정이 있어야 용감해질 수 있다.

용감해 지는 것은 마법의 부적(符籍)을 지니는 것과 같다.
어떤 어려움도 이겨낼 수 있으며, 장애물도 쉽게 넘을 수 있기 때문이다.
강한 상대방에 맞서 승리를 쟁취하든 실패를 하던 간에 도전하는 삶의
즐거움도 고통 없는 삶보다 낫다. 승리의 기쁨이나 패배의 두려움, 그 어느
것도 모른 채 사는 이들은 목적 없이 희뿌연 삶을 살고 있는 것과 같다.

에디슨이 자식들에게 마지막 남긴 유언이다.
"용기를 내라, 오랜 세월을 살아오면서 역사가 끊임없이 반복되는 것을
지켜보았다.
그리고 수많은 사업 실패도 두 눈으로 목격했다. 실패가 있으면 성공도
있기 마련이다. 아버지의 용기를 물려받아라. 신앙을 가지고 앞으로
나아가라."

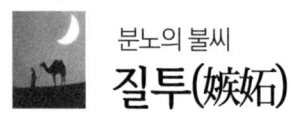

분노의 불씨
질투(嫉妬)

모든 질투는 의식적인 열등감이다.
질투심을 느끼지 않고 친구의 성공을 칭찬하는 사람은 없다.
행복을 가로막는 가장 큰 장벽은 질투심이다.
순진무구한 사람에게서 질투심이라고는 찾아볼 수 없다.
훌륭한 자질을 타고난 사람은 질투심을 느끼지 않는다.

많은 사람이 불행한 이유 중의 하나는
그들의 마음속에 분노를 품고 있기 때문이다.
겉으로 들어나지 않는 악의는 그들의 숨통을 조인다.
분노는 증오의 일종이다.
개인과 국가 간의 선의와 협력이 충분치 못하면 서로 간에 분노를 품게 된다.

마음 속에 질투를 떨쳐버려야 한다.
비열하고 천한 세계에서 질투심이 선한 마음을 압도한다.
누군가를 질투하는 사람은 결국 그 사람의 성공에 기대 무언가를 바라게 된다.
인간은 자신에게 없는 다른 것을 사랑한다. 결국 자기 자신을 뺀 모든 것을 사랑한다.

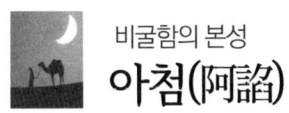
비굴함의 본성
아첨(阿諂)

가장 해로운 적은 아첨꾼이다.
사람들은 대체로 자기보다 나은 사람은 싫어하고 아첨하는 사람을 좋아한다.
아첨받기를 좋아하는 사람에게는 아첨꾼이 어울린다.
우리 속담에 "내 앞에서 아첨하는 자는 내 등 뒤에서 나를 비방할 것이다"라는 말이 있다.

겸양은 아름다운 행동이지만 지나치면 아첨하고
비굴하게 되어 더러운 속셈이 드러난다.
곡학아세(曲學阿世)는 학문을 굽혀서 세상 사람에게 아첨한다는 뜻이다.
학문의 바른 길을 버리고 속세에 아첨하는 것은 그릇된 것이다.
교언영색(巧言令色)은 교묘한 말과 부드러운 얼굴빛으로 아첨하는 말과 태도다.
구밀복검(口蜜腹劍)은 입에는 꿀, 뱃속에는 칼 겉으로는 친한 척하지만 뒤에서는 해칠 음모를 꾸미는 것이다.

군주에게 아첨하는 자는 군주를 욕되게 한다.
군주가 아첨을 막는 유일한 방법은 사람들이 사실대로 말해도 그가 화를 내지 않는다는 점을 알리는 것이다.
그러나 모든 사람이 그에게 사실대로 말할 수 있다면
그는 그들의 존경심을 잃고 말 것이다.
나라를 번영시키는 군주는 자기 잘못을, 나라를 망치는 군주는 찬양을 즐겨 듣는다.

모든 칭찬을 제때 물리치는 법을 배워라. 아첨은 죄를 기르는 유머이기 때문이다.
도덕적 규범을 굳게 지키는 사람은 한때 냉대 받고 쓸쓸하지만, 권세에 의지하고 아첨하는 자는 영원히 처량한 신세가 된다.

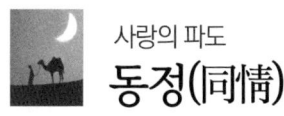

사랑의 파도
동정(同情)

동정은 마음을 녹여서 사랑으로 만든 것이다.
슬픔을 맛본 사람만이 가장 깊이 동정할 수 있다.
부드러운 동정은 철문을 통과한다.
말로 표현할 수 없는 동정은 사랑 한가운데 숨어있다.
동정은 사랑의 파도를 더욱 세게 만든다.

동병상련(同炳相憐)은 같은 병을 앓은 사람들끼리는 서로 동정하는 것이다.
어려운 처지의 사람들은 서로 동정하고 돕는다.
나의 친구란 나를 동정하는 자가 아니라 나를 돕는 자다.
남에게 주는 것은 건강한 생활의 비결이다.
반드시 돈을 주는 것만이 아니고, 격려, 동정, 이해를 베풀어 주는 것이 자신을 행복하게 만든다.

자기 연민은 우리의 가장 큰 적이다.
거기에 굴복하면 현명한 일을 결코 할 수 없다.
자비에게는 인간의 마음이, 연민에게는 인간의 얼굴이 숨어있다.
인생의 목적은 남에게 봉사하는 것, 그리고 동정과 남을 도우려는 의지를 보여주는 것이다.

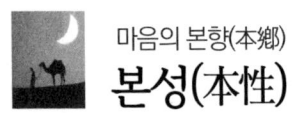

마음의 본향(本鄕)
본성(本性)

늑대는 이빨을 잃어도 본성은 잃지 않는다.
사람들은 잔인하지만 인간의 본성은 친절하다.
사람의 본성은 선한 것은 물이 아래로 내려가는 것과 같다.
사람치고 선하지 않는 사람은 없다
사람의 본성은 새로운 것을 탐낸다.

사람의 본성은 화초가 아니면 잡초에 묻히기 마련이다.
따라서 때맞추어 화초에는 물을 주고 잡초는 근절해야 한다.
본성에 머물러 자유로우면 우리 인생이 즐겁다는 것을 깨닫고,
즐겁다고 알면 성인의 경지가 저절로 닥친다.

맑은 연못의 달빛을 바라보면서 나의 본성을 엿보게 된다.
농부와 시골노인은 천성을 고스란히 보존했고, 따라서 욕심이 담백하다.
이것이 바로 인생에서 제일 뛰어난 경지이다.

화가는 누구나 자기 영혼을 붓으로 찍어서 작품 안에
자기 본성을 그려 넣는다.
언제나 일이 끝난 후에 후회하지 않을 각오로, 일의 시초(始初)에 저지를지
모르는 어리석음을 피한다면, 본성은 흔들리지 않고 행동은 올바르게 할
것이다.

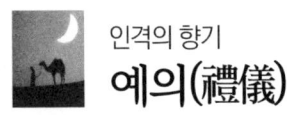
인격의 향기
예의(禮儀)

예의 근본은 사람의 마음을 따르는 것이다.
예의를 모르면 사람 앞에 나설 수 없다.
예의를 지키는 데는 조화가 가장 중요하다.
겸손은 윗사람에 대해서는 의무이고, 대등한 사람들에 대해서는 예의이며,
아랫사람에 대해서는 고상함이다.

예의는 사람의 인격을 담는 그릇이다.
만나는 사람이 예의가 없고 품격이 없으면,
금세 싫증이 나게 마련이듯이
이 세상 어느 누구도 예의 없는 사람을 좋아하는 사람은 없다.
인사하는 것 하나만 보면 그 사람이 교양이 있는 사람인지,
품위가 있는 사람인지 단박에 알 수 있다.
용모나 옷차림이 단정한 것 하나만 보면 그 사람이 준비된 사람인지
아닌지 알 수 있다.

아침에 술 냄새를 풀풀 풍기며 회사에 출근한 사람,
와이셔츠 소매 끝에 묵은 때가 꾀죄죄한 채로 다니는 사람,
이런 사람은 어떤 일을 맡겨도 깔끔하게 처리하지 못한다.
이런 사람일수록 일이 잘못되면 뒤로 숨기 바쁘고,

자신은 할 만큼 했는데 더 이상 어쩌라는 것이냐며 맹목적으로 버틴다.
이런 사람이 주변에 있으면 열정적인 사람의 힘을 빼앗는다.

사람들 간에 예의를 갖추어야 한다.
예의는 그 사람에게서 풍기는 인격의 향기(香氣)다.
사랑도 예의라고 하는 그릇에 격식을 갖추고 나올 때 품위가 있고 존경스럽다.
사람은 끼리끼리 어울린다.
사람을 무례하게 대하면 소인배들이 모인다.
그러나 예의를 갖추어 상대를 대하면 자신보다 뛰어난 사람과 교제할 수 있다.
실력 이전에 먼저 예의를 갖춰라.
예의는 신의를 쌓는 미덕이다.
아무리 많이 배운 사람이라도 예의가 없으면 실망스럽고 경박하게 보인다.
단정한 옷차림, 부드러운 미소, 듣기 좋은 목소리, 절도 있는 동작, 경청하는 태도는 상대의 마음을 붙잡는 요소이다.
예의는 좋은 사람의 예복이며, 습관이다.

자신의 만행
다툼

독수리처럼 날고 싶다면 닭과 다투지 말라.
복잡한 미로에서라도 벗어나는 길이 하나 있듯
정중함을 보이면 성가신 일을 피할 수 있다.
불손한 자, 고집스러운 자, 어리석은 자에게는
언제나 예의를 보여라.
그런 자들이 하는 일은 못 본 체하는 것이 현명하며
충돌하지 않는 것이 상책이다.
가장 안전한 것은 그들을 멀리 하는 것이다.
재산이 많은 사람과는 부를 다투지 않으며
이름이 널리 알려져 있는 사람과는 지위를 다투지 말고
외양을 중시하는 사람과는 명성을 다투지 않고
감정적인 사람과는 시비를 다투지 말라.

다툼이 일어나는 것은 두 사람 모두 욕심을 부리기 때문이다.
두 사람 모두 양보하면 다툼이 일어나지 않는다.
한 사람만 양보해도 다툼은 일어나지 않는다.
그보다 더욱 바람직한 일은
부드러운 쪽이 단단한 쪽을 부드럽게 만들고,
양보하는 사람이 욕심 많은 상대방을 감화시키는 것이다.

성공의 씨앗
시련

인생은 평화와 행복만으로 시종할 수는 없다.
음지는 없고 양지만 있는 삶,
슬픔은 없고 행복만 있는 삶,
시련은 없고 즐거움만 있는 삶은 적어도 인간의 삶이 아니다.
행복한 사람들의 삶의 이야기를 들어보라.
뒤얽힌 실타래이며 슬픔과 기쁨의 혼합이다.
기쁨은 슬픔이 있기에 더욱 달콤하다.
상실은 축복을, 축복은 상실을 수반하다.
슬픔과 행복이 반복된다.

인생은 시련과 실패로 점철된다.
운명을 거부하면 고통 받고 받아들일 땐 행복하다.
시련은 약한 것에 강하게 되고 두려운 것에 용감하게 맞서고
지혜로 혼란을 극복하라고 가르치는 것이다.
시련을 두려워하지 말고 슬퍼하지도 말라.
참고 견디며 이겨나가는 것이 인생이다.
행복이 삶의 목적이라고 한다면
시련은 행복에 도달하기 위해 필히 거쳐야 하는 환경이다.
시련을 없게 해달라고 기도하지 말고

시련을 극복할 의지를 달라고 기도하라.

생선이 소금에 절임을 당하고
얼음에 냉장을 당하는 고통이 없다면 썩는 길밖에 없듯이,
인간이 겪는 시련에도 뜻이 있다.
시련은 사람의 진가를 알 수 있는 시금석이다.
일부 식물은 으깨면 달콤한 향기가 풍기는 것처럼,
시련은 잠재력을 일깨우고 감춰져 있던 재능을 발현시킨다.
시련은 불행이지만 다른 한편으로 보면 단련의 기회이다.
시련을 수련의 기회라고 받아들이며 기꺼이 참아내라.

그대의 인생길에는 수많은 어둠의 시련이 놓여 있다.
밤의 어둠이 있어야만 별을 볼 수 있듯이
시련이라는 어둠이 있어야 그대 삶에서 별을 볼 수 있다.
시련의 효과는 참으로 감미롭다.
그대의 인격이 정말 가치가 있는 것이라면
시련에 짓눌렸을 때 빛을 발하고 향기를 내뿜을 것이다.
혹독한 시련은 자기 보존 능력을 연마할 기회를 가져다준다.

뒤로 물러설 곳이 없는 벼랑 끝에 몰렸을 때 자신을 세워라.
벼랑 끝에서 자신을 단련하라.

시련을 통과하라.
비바람을 통과한 나무가 쓸모 있는 단단한 나무가 되는 것처럼
시련을 통과한 사람이 성공한다.
바람이 강하면 나무도 강해진다.
비바람은 나무를 좋은 재목으로 만들어주는 영양소이다.
시련을 겪는다는 것은 바닷가의 자갈이 되는 것과 같다.
온갖 짓밟힘을 당한 다음에야 반짝반짝 윤이 난다.
대나무 줄기의 중간 중간을 끊어주는 마디가 있기 때문에
휘어지지 않고 똑바로 자란다.
시련은 사람을 겸손하게 하고 지혜롭고 강하게 만든다.
시련은 엄격하지만 훌륭한 스승이다.
신은 그대가 감당할 만한 정도의 시련을 안긴다.
시련은 그대의 능력을 시험하기 위해 주어진 것이라고 여겨라.
미국 로키산맥 해발 3,000m 고지에는 수목한계선이란게 있다. 여기서 자란 나무는 차갑고 매서운 바람이 불어와 곧게 자라지못하고 무릎을 꿇고 있는 모습을 한 채 서있다. 생존하기 위해 처절하게 적응하며 몸부림

친 결과다. 그런데 아이러니하게도 소리 공명이 가장 잘 되는 명품 바이올린은 바로 이와같은 '무릎을 꿇은 나무'로 만들어진다고 한다.
사람도 '무릎을 꿇은 나무'처럼 역경과 시련을 통해 내면이 단련되고 정신적인 성숙을 맛보게 된다.
역경과 시련은 성공의 씨앗이다.
약자는 '걸림돌'로 생각하고 강자는 '디딤돌'로 생각한다. 영웅이란 해낼 수 있다고 믿는 사람들이다.